# 위대한 기업들의
# 바보 같은 실수들
# 100

OLD STAIRS

GREAT CORPORATIONS

## 머리말

사람들은 기업의 리더가 기업이 나아가야 할 비전을 제시해 주기를 기대한다. 하지만 실제로 리더의 자리에 있는 사람들은 대부분 자신의 일을 "기업 앞에 도사린 위험을 피해 가는 일"이라고 말한다. 어찌 보면 이 둘은 같은 말일 수도 있다. 그러나, 쉽게 생각하더라도 위험을 피해 가는 일이 훨씬 더 간절해 보이는 것은 왜일까?

논리는 어려워 보일 수 있지만, 사실은 논리를 이용해 기업을 경영하는 일은 쉽다. 왜냐하면 논리는 같은 결과의 반복을 전제하기 때문이다. 논리대로 판단하기만 하면 돈을 번다는 확신이 있다면 얼마나 좋을까? 하지만 어떤 일들은 논리로 해결되지 않는다. 그래서 우리에게 필요한 것이 직관이다. 논리로는 설명할 수 없지만, 분명히 느껴지는 감이나 촉이 중요하다는 것이다. 천재지변이 있기 전에 동물들의 움직임 같은 것 말이다.

논리는 고민에서 나오지만, 직관은 오로지 경험에서 나온다. 수없이 많은 실패를 경험한 낚시꾼은 어떤 날에 배를 띄우지 말아야 할지를 안다. 경험은 그렇게 소중하고 소중하다. 특히 실패의 경험이 그렇다. 사실 이 책은 실패담의 모음일 뿐이다. 이 책에 담은 수많은 실패담이 당신의 직관을 키워줄 수 있을까? 아마도 당신에게 달렸을 것이다. 당신이 이 책에 담긴 글자보다 더 많은 것을 느낄 수 있는 사람이기를 기대한다.

# 위대한 기업들의 바보같은 실수들 100

*1 ~ 19 Contents*

## 20 ~ 39 Contents



## 40 ~ 59 Contents

## 60~79 Contents

*80 ~ 100 Contents*

# 나사

*NASA*

## 화성 기후 궤도선 (Mars Climate Orbiter)

1990년대 말, 나사(NASA)는 화성의 기후와 대기 상태를 연구하기 위해서 '화성 기후 궤도선'을 발사했다. 이 궤도선은 1998년 12월 11일 발사되었으며 화성의 기후 변화를 추적하고, 화성 탐사선이 보내올 데이터를 수집하는 임무를 가지고 있었다. 화성 기후 궤도선은 미국 항공우주국(NASA)의 'Mars Surveyor 98' 프로그램의 일부로 화성의 계절, 기후, 대기의 상태 등을 연구하는 게 목적이었다.

화성 기후 궤도선은 순조롭게 발사되어 약 9개월간 우주를 항해했다. 발사 이후 화성 궤도에 접근할 때까지 모든 것이 정상적으로 진행되고 있었다. 그 뒤 궤도선은 예정된 궤도를 돌며 임무를 시작할 계획이었다.

그런데 궤도선이 화성 대기권에 진입하는 과정에서 큰 문제가 발생했다. 궤도선이 예상했던 궤도보다 훨씬 더 낮은 고도까지 진입한 것이다. 궤도선은 결국 화성 대기와의 마찰로 인해 그대로 소실된다. 충격적인 실패였다.

화성 기후 궤도선의 궤도 진입 실패의 원인은 무엇이었을까? 각국의 전문가들이 모여서 온갖 경우의 수들을 예측하며 회의와 실험을 거듭해서 만들었을 궤도선에 대체 무슨 문제가 있었던 걸까? 놀랍게도 나사의 치명적인 실수는 바로 단위 변환 실수였다. 말하기 민망할 정도로 초보적인 실수였던 것이다.

정확히 말하면, 나사의 제트추진 연구소(Jet Propulsion Laboratory, JPL)와 록히드 마틴(Lockheed Martin)의 의사소통에서 문제가 생겼다. 록히드 마틴은 탐사선의 궤도 계산을 위한 추진력 데이터를 피트-파운드-초(Foot-pound-second)라는 영국식 단위로 계산해 제공했으나, 나사는 이를 뉴턴-초(newton-second)라는 미터법 단위로 변환하지 않고 그대로 사용했다.

이런 기초적인 실수로 인해, 나사는 당시 3억 달러가 넘는 천문학적인 비용이 들어간 탐사선을 한순간에 잃게 되었다.

나사는 이 실패를 통해 우주 탐사에서는 정밀한 계산과 협력이 필수적이며, 특히 단위 변환과 같은 작은 실수가 큰 프로젝트를 망칠 수 있음을 깨닫는다. 이후 나사는 이런 실수가 재발하지 않도록 공식적으로 기술 관련 사항에 사용하는 모든 수치를 SI 단위로 표기하게 되었다.

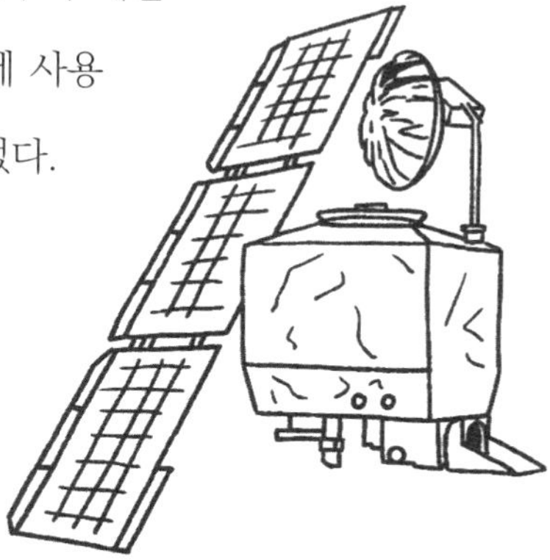

# 펩시

*PEPSI*

## 레너드 대 펩시코 (Leonard vs. Pepsico)

700만 포인트를 모으면 전투기를 준다는 광고가 있었다. 재미를 위해 들어간 멘트였지만, 펩시는 이 광고로 인해 3년간 긴 소송을 해야만 했다. 이는 레너드 대 펩시코 사건이라고 불리는 전투기 마케팅 사건이었다. 훗날 해당 사건은 미국 로스쿨 사례집에도 등장할 정도로 유명한 사건이 되었다.

1995년 11월, 펩시는 펩시 포인트를 모으면 상품을 교환해 주는 마케팅 이벤트를 진행했다. 펩시 24캔 1박스가 10포인트였다. 75포인트를 모으면 펩시 로고가 그려진 티셔츠를, 175포인트를 모으면 선글라스를 증정했다. 1,450포인트를 모으면 가죽 재킷을 증정했는데, 15포인트 이상만 가지고 있으면 모자라는 포인트를 10포인트당 1달러로 환산해 현금으로 지불할 수 있었다. 여기까지만 보면 평범한 마케팅 전략이었다.

문제가 된 건 마지막 멘트였다. "700만 포인트를 모으면 해리어 전투기를 지급한다."

사실 터무니 없는 말이었다. 순수하게 펩시콜라만 마셔 700만 포인트를 모으기 위해서는 1,680만 캔의 콜라를 마셔야 했으며, 한 캔에 500원으로만 계산해도 총 84억 원이 필요했다. 더군다나 하루에 100캔씩 마신다고 하더라도 1,680만 캔을 전부 마시려면 460년이라는 시간이 필요했다. 그래서 소비자 대부분은 이를 장난식으로 여겨 가볍게 넘어갔다. 딱 한 사람만 빼고 말이다.

당시 시애틀에 거주하던 21세 대학생 존 레너드는 해당 광고를 본 이후 아이디어 하나를 떠올렸다. 그것은 바로 700만 포인트를 현금으로 모은다는 생각이었다. 광고에서 설명한 "포인트가 부족하더라도 15포인트 이상 가지고 있으면 모자라는 포인트는 10포인트당 1달러로 환산해 현금 지불이 가능하다."라는 내용이 존 레너드의 머리를 번뜩이게 했다.

해리어 전투기를 받는 데 필요한 700만 포인트는 현금으로 환산하면 약 70만 달러(한화 약 9억 원) 정도였다. 이는 약 3,300만 달러(한화 약 400억 원)였던 해리어 전투기에 훨씬 못 미치는 가격이었다. 레너드는 곧바로 투자자들과 변호사를 섭외해 전투기 수령 계획에 나선다. 변호사는 법적으로 문제가 없는 주장이라고 이야기했고, 이를 들은 투자자들은 70만 달러를 흔쾌히 투자하기에 이른다.

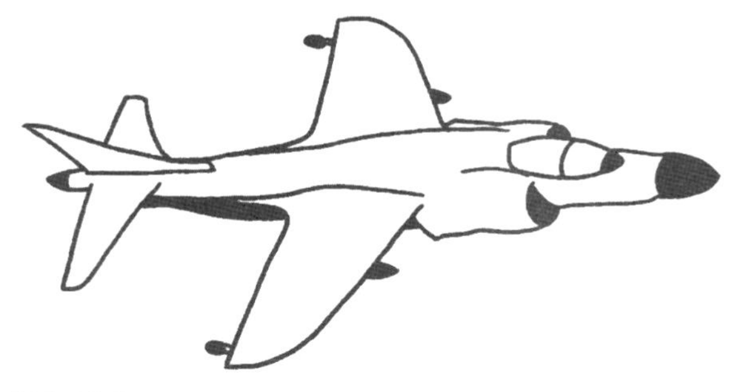

존 레너드는 699만 9,985포인트에 해당하는 수표와 15포인트를 본사에 보내 전투기 지급을 요청했다. 그러나 단순히 장난이라고 생각한 펩

시 측은 받은 우편을 반송했고, 이를 확인한 존 레너드는 또다시 수표와 15포인트를 본사로 보내 자신은 진지하다며 전투기 지급을 요청했다.

펩시는 그제야 이 우편이 장난이 아님을 알아차리고 경품 인도 거부 소송을 진행했다. 이를 안 레너드 측은 당사의 계약 불이행과 사기에 따른 위자료 청구를 덧붙여 펩시를 맞고소했다. 장난스러운 마케팅으로 시작한 해당 사건은 점점 심각한 분위기에 다다랐고, 약 3년간의 법정 공방으로 이어지게 되었다.

"펩시는 레너드에게 전투기를 지급할 의무가 없다. 펩시는 경품 안내 책자에 해리어 전투기를 넣지 않았으며, 70만 달러의 돈으로 3,000만 달러가 넘는 해리어 전투기를 요구한 것은 상식에 어긋난다. 또한 펩시의 광고에 사기죄 혐의가 일부 존재하는 것은 맞지만, 죄를 물을 정도는 아니다."

3년간의 법정 공방 끝에 법원이 손을 들어준 건 펩시였다. 이유는 위와 같았다. 하지만 레너드가 손해를 본 싸움은 아니었다. 펩시 측은 판결 이후 위자료 명목으로 레너드에게 투자금으로 받은 돈 이상을 지급해야 했기 때문이다.

해당 사건은 단순한 재치로 만들어진 광고도 소비자와 약속이 될 수 있기 때문에 신중을 기해야 함을 보여 준다.

# 삼성

*Samsung*

## 갤럭시 노트 7 (Galaxy Note 7)

아무리 화려한 스펙을 가진 전자기기라도, 시한폭탄처럼 언제든 폭발할 수 있다면 무슨 의미가 있을까?

2016년, 갤럭시 노트 7은 아이폰의 출시 예정일인 9월보다 한 달 앞선 8월에 출시되었다. 당시에도 애플과 삼성은 시장 점유율 1, 2위를 번갈아 차지하며 다투고 있었고, 따라서 갤럭시 노트 7의 이른 출시는 애플을 의식한 것으로 보였다.

갤럭시 노트 7은 지금까지 나온 노트 시리즈 중 가장 높은 완성도를 보인다고 평가 받았다. 지문 인식보다 보안성이 뛰어난 홍채 인식을 도입했고 더불어 듀얼 엣지 디스플레이, 고속 무선 충전, 방수·방진, 외장 메모리 슬롯 등 다양한 기능을 추가했다. 예약 판매 대수는 40만 대로, 같은 해 출시한 갤럭시 S7의 두 배가 넘는 수준이었다. 업계에서는 갤럭시 노트 7의 출하량이 전작인 노트 5의 약 865만 대를 넘어 1,000만 대 이상을 기록할 것으로 예측했다.

하지만 성급한 출시는 품질 관리 과정에서 문제를 일으켰다. 판매된 갤럭시 노트 7이 폭발하는 사고가 연이어 터졌기 때문이다.

공식 출시 후 6일 뒤 한 커뮤니티에 갤럭시 노트 7이 충전 중 폭발했다는 내용이 올라왔다. 처음에는 당사자의 말을 믿지 않는 분위기였다. 보상을 노린 조작이 아니냐며 비아냥거리기도 했다. 그러나 사건 이후 미국과 한국에서 비슷한 폭발 사고가 동시다발적으로 일어났고, 사람들은 노트 7에 결함 때문에 폭발이 일어날 수 있다는 걸 알게 되었다. 다른 문제도 아니고 안전과 관련된 문제였기에 사태는 심각했고, 결국 8월 31일 해당 제품의 공급이 전격 중단되기에 이르렀다.

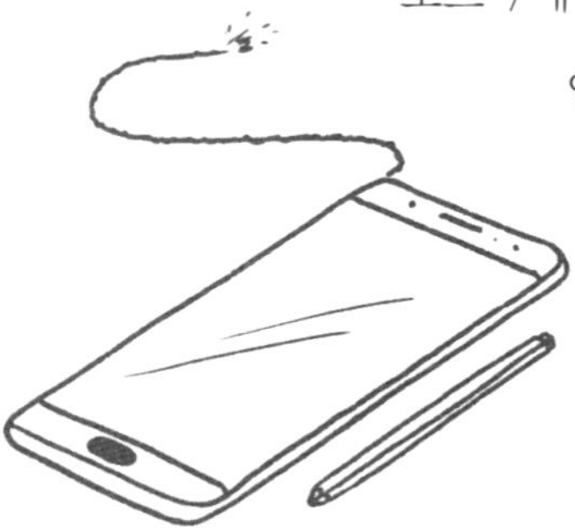

고동진 삼성전자 무선 사업부장은 긴급 기자회견을 열어 그동안 판매된 갤럭시 노트 7,250만 대를 전량 회수하겠다고 밝혔다. 덧붙여 일부 배터리 불량으로 인해 폭발 사고가 발생한 것으로 파악했다면서 제품 무상 교환을 발표했다. 삼성은 250만 대를 리콜하고 10월 1일 일반 판매도 재개했다. 하지만 교환품에서마저 폭발 사고가 발생해 갤럭시 노트 7은 완전히 신뢰를 잃고 말았다.

결국 삼성은 판매된 갤럭시 노트 7 전량을 회수할 수밖에 없었다. 이때 삼성이 출시일에 맞추기 위해 무리하게 일정을 앞당기면서 사고를 초래한 게 아니냐는 추측이 있었다. 무리한 출시 일정이 제품의 안전성 검사에도 영향을 미쳤다는 내용이다. 삼성 측은 이를 전면 부인했지만, 의혹은 피해 갈 수 없었다. 이로 인해 애플은 반사 이익을 얻어 미국 내 시장 점유율 1위를 기록하게 되었다.

또한 삼성은 이듬해 1분기까지 판매 기회를 잃은 것에 따른 기회비용과 리콜, 재고 처리 등 총 7조 원의 손실이 발생한 것으로 추산된다. 삼성 스마트폰 사업의 영업 이익은 2016년 2분기 4조 3,200억 원에서 3분기 1,000억 원으로 떨어졌다. 국내 시가총액 1위 삼성의 손실이었기에 2016년 3분기 한국 제조업 성장률은 -0.9%를 기록하게 되었다.

해당 사건으로 인해 삼성은 엄청난 손해와 이미지 하락, 신뢰도 하락 등 많은 문제를 떠안아야만 했다. 아무리 좋은 성능을 갖추고 가장 적합한 출시일을 맞춘다고 해도, 기기 안전성에 결함이 있다면 전부 소용없는 일이다.

# 블록버스터

*Blockbuster*

## 넷플릭스 인수 기회

어쩌면 우리에게 익숙한 넷플릭스의 이름은 블록버스터일 수도 있었다. 사람들은 "넷플릭스 구독했어?"가 아닌 "블록버스터 구독했어?"라고 말했을 수도 있다. 하지만 한 번의 선택이  두 기업의 미래를 바꿔 놓고 말았다.

1990년대와 2000년대 초반, 블록버스터는 전 세계 비디오와 DVD 대여 산업을 지배하던 거대한 기업이었다. 블록버스터는 약 9,000개의 매장을 운영하며 매장 방문을 통해 최신 영화와 인기 타이틀을 대여할 수 있는 서비스를 제공하며 막대한 수익을 올렸다.

이때까지만 하더라도 넷플릭스는 신생 기업에 불과했다. 리스 헤이스팅스와 마크 랜돌프가 설립한 넷플릭스는 우편을 통한 DVD 대여 서비스라는 새로운 방식의 사업을 진행했다. 직접 비디오를 대여하러 가지 않아도 되고 연체료가 없다는 점을 어필하며 소비자들에게 다가갔다. 하지만 자본금이 부족한 기업이 빠른 속도로 몸집을 키우기는 어려웠고, 이에 넷플릭스는 블록버스터에 혹할 만한 내용을 제안했다.

2000년, 넷플릭스는 블록버스터에 5천만 달러(한화 약 650억 원)를 이야기하며 회사 인수를 제안했다. 리드 헤이스팅스는 블록버스터가 넷플릭스의 온라인 대여 모델과 결합한다면 비디오 대여 업계의 미래를 선도할 수 있을 것이라고 이야기했다.

하지만 블록버스터의 생각은 넷플릭스와 달랐다. 블록버스터 경영진은 리드 헤이스팅스의 제안을 단칼에 거절했다. 2000년 기준 매출 총이익에서 56배나 뒤처지는 기업을 인수할 필요가 없던 것이었다. 블록버스터는 넷플릭스의 비즈니스 모델이 단순한 틈새시장에 불과하며 블록버스터의 매장 중심 사업을 위협할 것이라고 생각하지 않았다. 매장에서의 연체료 수익과 대규모 매장 네트워크를 통한 강력한 브랜드 이미지를 믿고 있었던 것이다.

하지만 블록버스터의 인수 제안 거절은 결과적으로 기업의 흥망을 가르는 큰 실수가 되었다. 우편을 통한 DVD 대여 서비스를 포기하지 않고 꾸준히 몸집을 키운 넷플릭스는 2007년 스트리밍 서비스로 전환하며 급격한 성장을 이루어 냈다. 온라인 시대가 열릴 것을 예상한 넷플릭스의 현명한 판단이었다. 인터넷의 보급과 기술의 발전으로 소비자들은 온라인에서 영화와 TV 프로그램을 시청하게 되었고, 넷플릭스는 스트리밍 플랫폼으로 빠르게 시장을 장악했다. 반면 블록버스터에게 이 시기는 시련과 하락의 시기였다.

넷플릭스가 스트리밍 서비스로 전환한 2007년, 블록버스터는 CEO를 교체했다. 뒤늦게나마 온라인 사업으로 전환하려고 했던 이전 CEO 존 안티오코는 이사회에 의해 쫓겨났다.

새로 CEO가 된 제임스 키스는 철저하게 오프라인 매장 중심의 정책만을 밀어붙였다. 소비자들은 점점 더 블록버스터를 외면했고, 급격한 매출 감소와 매장 폐쇄로 이어졌다. 2010년에는 결국 파산 보호 신청을 하게 되며, 이후 2011년 디시 네트워크에 인수되었으나 이마저도 오래가지 못했다.

만약 2000년에 블록버스터가 넷플릭스를 인수했다면 결과는 달라졌을 것이다. 넷플릭스 지분 50%를 확보할 수 있었던 블록버스터는 넷플릭스의 온라인 사업권을 넘겨받을 수도 있었다. 하지만 현재에 안주하며 미래를 내다보지 못한 블록버스터는 미국 오리건주에 딱 하나의 매장만 남겨 놓은 채, 모두 문을 닫게 되었다. 기업이 시장의 변화를 눈치채지 못한다면 결말은 정해져 있다.

# 아메리칸 항공

*American Airlines, Inc.*

AAirpass

아메리칸 항공은 미국을 대표하는 항공사 중 하나로, 여객 운송 수 기준 세계 최대의 항공사이며 총 운항 수입 규모 역시 세계 1위를 지키고 있다. 하지만 모든 회사가 그렇듯, 아메리칸 항공사에도 여러 위기가 있었다.

1981년 재정 위기에 빠졌던 아메리칸 항공은 충성고객을 유치하고, 당장 필요한 현금을 마련하기 위해서 무제한 일등석 여행권 AAirpass을 판매하기로 한다. 첫 출시 당시 가격은 25만 달러(한화 약 3억 원)였다. 1981년 기준 25만 달러라는 금액은 절대 적은 돈이 아니었으니, 아메리칸 항공은 AAirpass가 기업에 손해를 끼치진 않을 거라 생각했다. 하지만 그건 오산이었다.

1987년 10월 1일, 한 남자가 25만 달러를 지불하고 AAirpass

를 구매한다. 그의 이름은 스티븐 로스테인. 20년간 뉴욕, 샌프란시스코, 로스앤젤레스, 런던 등 다양한 곳을 여행했다. 횟수로 10,000번이 넘는 비행을 했는데, 이는 지구 약 400바퀴를 돈 것과 같은 거리였다.

문제는 비행 횟수뿐만이 아니었다. 일등석 라운지를 제공하고 공항 이용료 모두를 회사가 부담해야 했다. 더불어 일반 여행자와 마찬가지로 비행 탑승시마다 마일리지를 적립해 주었다. 그는 이러한 점을 활용해 쌓인 마일리지로 호텔 투숙권, 크루즈 이용권 등을 결제했다. 게다가 당일 변경 및 취소에 대한 수수료가 존재하지 않았기에 부담 없이 취소 처리가 가능한 것도 문제였다.

2007년 아메리칸 항공은 파산 직전의 재정 위기를 맞는다. 이때 설립한 수익 무결성 부서에서 제일 먼저 다룬 것은 AAirpass였다. 그중 스티브 로스테인과 AAirpass로 4천만 마일 이상 마일리지를 쌓은 자크 브룸(Jacques Vroom)을 집중적으로 조사했다. 두 사람은 매년 아메리칸 항공에 100만 달러 이상의 적자를 안겨 주고 있었다.

결국 아메리칸 항공은 고심 끝에 두 사람의 AAirpass를 취소하기로 결정했다. 그러나 그 뒤에는 이 취소를 놓고 법정 싸움까지 겪어야 했다.

기업의 짧은 생각으로 생겨난 AAirpass는 수십 년간 아메리칸 항공에 엄청난 손실을 안겨 주었다. 첫 출시 이후 AAirpass의 판매 가격을 꾸준히 올렸지만, 소용없었다. 그렇게 올린 가격으로는 구매하는 사람이 그리 많지 않았기 때문이다. 1994년에 아메리칸 항공은 AAirpass의 판매를 중단했다. 그렇더라도 원래 구매한 사람들로 인한 손실은 여전히 계속되었다. 2004년에는 가격을 300만 달러(한화 약 40억 원)까지 올려서 다시 판매를 시작했지만, 구매한 사람이 0명이었다.

# 맥도날드

*McDonald's*

## '#McDStories' 캠페인

요새는 어떤 기업이든 SNS 마케팅을 필수로 한다. 실시간으로 빠르게 정보가 공유되고 확산된다는 점에서 더없이 좋은 마케팅 수단이기 때문이다.

맥도날드 역시 SNS 마케팅으로 홍보 효과를 얻는 기업이었다. 그러다가 기획한 것이 바로 #McDStories 캠페인이었다.

2012년 1월 맥도날드는 트위터를 활용한 마케팅을 진행한다. 맥도날드를 방문한 손님들의 이야기를 통해 회사의 좋은 이미지를 널리 퍼뜨리겠다는 의도였다. '맥도날드의 버거 덕분에 최고의 저녁을 보냈다'와 같은 이야기를 기대하며, 트위터를 활용해 24시간짜리 프로모티드 트윗(promoted twit) 이벤트를 개설했다. 프로모티드 트윗이란 트위터가 마련한 광고 상품 중 하나로, 특정 계정이 일정 금액을 지급해 프로모티드 트윗을 작성하면 맥도날드 팔로워 상단에 글이 노출되는 방식이다. 사이트의 배너 광고와도 같은 방식이었다.

이벤트가 본격적으로 시작되자, 맥도날드의 소식이 빠르게 퍼져 나갔다. 하지만 결과는 예상과 달랐다. 사람들은 긍정적인 이야기는커녕, 오히려 그동안 말하지 못한 수많은 불만 사항을 토로하기 시작했다. 위생 문제, 불친절 응대 등 다양한 논란이 있던 맥도날드에 대한 화가 터져 나온 것이다. 소식은 점점 더 빨리 퍼져 나가 팔로워들뿐만 아니라, 일반 트위터 유저들에게도 전해졌다.

“맥도날드 맥너겟 맛은 마치 일주일 동안 햇볕에 둔 튀김을 먹는 거 같다.”, “나는 갈색 머리카락을 가졌는데 맥치킨을 먹다가 흰색 머리카락을 발견했다.”

프로모티드 트윗을 활용한 맥도날드의 마케팅은 생각 이상으로 큰 파급력을 몰고 왔다. 사람들은 너도나도 #McDStoires를 활용해 글을 작성했고, 구체적인 예를 들어 자신들이 겪었던 불만 상황을 써 내려갔다. 맥도날드가 의도했던 ‘맛있는 음식, 좋은 서비스’에 관련된 내용은 전체 트윗 중 2%에 불과했다.

맥도날드 #McDStoires 캠페인은 SNS 성공 사례 중 하나인 패스트푸드 기업 웬디스의 사례와는 정반대의 모습을 보였다. 웬디스는 치킨샌드위치 제품을 멋지게 찍어 올린 고객에게 1,000달러의 상금을 건 이벤트를 진행한 적이 있었다. 당시 이벤트로 인해 치킨샌드위치를 접하지 않은 소비자들까지 웬디스로 향했고 홍보 효과는 엄청났다.

그러나 맥도날드는 SNS 마케팅을 잘못 이용했고, 광고 시간인 24시간 중 2시간을 겨우 채우고 이벤트를 급히 종료해야 했다.

훗날 맥도날드 소셜미디어 감독 릭 위온은 “우리는 1시간 만에 해당 이벤트가 완전히 잘못된 방향으로 흘러가는 것을 발견했다.”고 말하며 소감을 밝혔다. 해당 사건은 기업이 SNS 마케팅의 양면성을 충분히 고려하지 못했기에 벌어진 일이었다.

# 7 배달의 민족

*Baemin*

## 고마워요 키트

“우리가 어떤 민족입니까?”라는 슬로건을 앞세운 배달의 민족은 명실상부 대한민국 1위 배달 서비스 플랫폼이다. 음식 브랜드와의 제휴를 통한 할인 이벤트, 사용자를 유치하기 위한 자체적 할인 쿠폰 이벤트, 게임, 드라마, 영화 등 다양한 분야와의 협업을 통해 업계 1위를 유지할 수 있었다.

2021년은 한창 팬데믹 상황으로 배달 수요가 정점을 이룰 때였다. 이때 배달의 민족은 새로운 이벤트를 기획했는데, 바로 배달 기사를 위해 간식과 물 등을 전달하는 이벤트였다. 취지는 간단했다. “배달을 위해 수고하는 기사님들께 선의를 베풀자.” 이전부터 종종 택배 기사를 위해 간식을 준비하는 사람들이 있었는데, 이런 사례에서 착안한 것이다.

배달의 민족이 준비한 ‘고마워요 키트’는 음료와 간식 등을 담는 가방과 배달 음식 매트, 메시지 스티커 등으로 구성되어 있었다. 이벤트 기간 추첨을 통해 선정된 고객 3천 명에게 1회분의 간식을 담아 이 ‘고마워요 키트'를 증정할 계획이었다.

배달의 민족 운영사인 우아한 형제들은 "코로나19 때문에 어려운 시기에도 배달 음식을 전달해 주는 기사님들께 고마움을 표시하고자 기획했다."라고 의도를 설명했다. 그러나 이를 본 소비자들의 반응은 싸늘했다.

"저런 행위 자체는 좋게 보는데, 왜 간식하고 물은 우리가 준비하고 생색은 배민이 내는 거냐.", "배달료 받고 배달하는 기사들한테 우리가 간식까지 제공해 줘야 하는 거냐. 고객 집이 탕비실이냐.", "배달료도 아까운데 간식까지 상납해야 하는 거냐.", "배달의 민족 수수료나 줄여라."

소비자들의 엄청난 원성이 배달의 민족 측으로 향했다. 이미 배달료 인상으로 인해 불만을 느끼고 있는 상황에서 배달 기사의 복지를 소비자들에게 떠넘기는 듯한 태도까지 보인 게 화근이었다. 간식 제공은 소비자의 단순 선의에 의해서 이루어져야 하는데, 이벤트 내용을 보면 간식 제공이 강요처럼 느껴진다는 것이다.

"물과 간식이 앱 이용자의 개인적인 선의라면 좋았겠지만, 배달의 민족 측에서 이런 이벤트를 벌인 건 굴욕적이다.", "이 이벤트는 기사를 불쌍하게 보이게 하고 회사에서 책임져야 할 복지를 소비자들에게 떠넘긴 것이다."

배달의 민족 기사들의 반응도 비판적이긴 마찬가지였다. 배달 기사들이 원하는 건 회사 차원의 처우 개선이지 간식이 아니며, 이는 오히려 배달 기사를 불쌍한 사람처럼 보이게 만드는 잘못된 마케팅이라는 지적이었다.

"배달 노동자들은 과거보다 더 먼 거리를 달리고 장시간 일하는데도 수입은 더 떨어지는 상황이다.", "라이더 사이의 경쟁도 심화해 불만이 고조되고 있는데 배민 측은 근무조건을 개선할 생각은 않고 마케팅에만 사활을 걸고 있다."

배달 기사 권익 단체인 라이더유니온 박정훈 위원장은 위와 같은 말을 남기며, 배민 측에 일침을 가했다.

결국 배달의 민족 측은 해당 이벤트를 6시간 만에 조기 종료하며, 사과문을 게시했다. 이 사례는 선의에서 착안한 마케팅이라도 소비자의 심리를 잘못 파악한다면 결국 실패할 수밖에 없음을 보여 준다.

# 코카콜라

*Coca-Cola*

## 뉴코크 (New Coke)

만년 2등이라는 말은 펩시에 꼬리표처럼 따라붙는 말이다. 펩시는 언제나 코카콜라에게 밀려 콜라 시장 점유율 2위를 기록해야만 했기 때문이다.

하지만 1980년대에 들어서고 펩시가 이전보다 더욱 공격적인 마케팅을 진행하며 코카콜라의 자리를 넘보기 시작했다. 특히 '펩시 챌린지'라고 불렸던 블라인드 테스트에서 소비자들이 펩시의 달콤한 맛을 선호한다는 결과가 주목받기 시작한 사건이 컸다. 펩시에게 조금씩 시장 점유율을 빼앗기던 상황에서 코카콜라는 새로운 도전의 필요성을 느끼게 되었다. 그리고 대담한 결단을 내렸는데 그게 바로 1985년에 출시된 '뉴코크'였다.

코카콜라는 당시 총 400만 달러라는 거금을 들여 20만 회의 블라인드 테스트를 진행했고 결괏값을 토대로 새로운 코카콜라를 출시하기에 이르렀다. 기존 콜라보다 더 부드럽고 달콤한 제품, 뉴코크였다. 코카콜라는 이와 같은 맛이라면 펩시와의 격차를 벌릴 수 있을 거라고 생각했다. 또한 1980년대 미국에서는 젊은 세대가 소비를 주도하는 문화가 자리 잡았기 때문에 새로운 제품의 출시가 중요할 거라는 판단도 있었다.

"우리가 알던 원래 코카콜라를 돌려주세요!", "코카콜라는 전통을 저버렸다."

그러나 뉴코크 출시 직후 시장의 반응은 가히 충격적이었다. 사람들은 새로운 코카콜라의 등장을 거세게 반대했다. 코카콜라 본사에는 수천 통의 항의 전화가 빗발쳤고, 일부 소비자들은 기존 코카콜라를 되돌려 달라며 시위를 진행했다. 언론에서는 이 사건을 연일 보도했다.

코카콜라가 간과한 것은 코카콜라 제품 자체에 대한 사람들의 애정이었다. 기존 코카콜라 제품과 브랜드에 대한 추억과 애착이 있는 소비자에게 새로운 맛은 중요하지 않았다. 뉴코크가 수십만 번의 블라인드 테스트를 거쳐 나온 더 좋은 맛일지라도, 오랫동안 사랑받던 오리지널 제품을 대체할 수는 없다는 것이다.

결국 코카콜라는 뉴코크 출시 79일 만에 오리지널 레시피의 코카콜라로 복귀를 선언했다. 오랜 시간 공들인 뉴코크 계획을 철회하고 곧바로 뉴코크를 모든 시장에서 회수했으며, 코카콜라 클래식이라는 이름으로 다시 오리지널 제품을 출시했다.

소비자들은 돌아온 코카콜라를 반겼고, 회사 매출은 회복되었다. 코카콜라의 회장이었던 돈 키오는 “진실은 우리가 그렇게 바보도 아니고, 그렇게 똑똑하지도 않다는 것이다.”라는 말을 남기며 해당 사태를 마무리 지었다. 뉴코크 사태는 제품 출시에서 소비자들의 인식을 파악하지 못한 실수 사례로 남았다.

비록 뉴코크는 실패했지만, 이 사건은 오히려 코카콜라의 브랜드 충성도를 강화하는 계기가 되었고, 코카콜라는 이를 통해 고객들이 브랜드의 역사와 가치를 함께 소비한다는 사실을 깨닫게 되었다.

# 9 도미노피자

Domino's

## '트위터 팔로워 수만큼 추가 할인 받는 놀라운 세상' 이벤트

2010년 도미노피자는 홈페이지, 비즈니스 블로그에 이어 트위터까지 발을 넓히게 되었다. 도미노피자에 대한 질문과 불만 사항에 대해 귀 기울이고 고객 만족도를 높이기 위해서였다.

문제가 된 것은 트위터 개설 약 2달 뒤 진행한 피자 할인 쿠폰 이벤트였다. 트위터 사용자의 팔로워 수만큼 더 높은 금액의 할인 쿠폰을 주는 이벤트로, 팔로워 수가 많은 유저의 참여를 높여 도미노피자의 홍보 효과를 노린 것이었다. 도미노피자 측의 할인 혜택은 다음과 같았다.

0명~100명 1,000원 할인, 101명~200명 2,000원 할인, 201명~300명 3,000원 할인… (중략) 1,801명~1,900명 19,000원 할인, 1,901명 이상 20,000원 할인.

도미노피자는 사람들의 평균 팔로워 수를 계산해 이 이벤트를 기획했다. 애초에 500명 이상 팔로워가 있는 유저가 적었기에 이벤트는 적절한 예산으로 마무리될 예정이었다. 하지만 점점 계획과는 전혀 다른 방향으로 이벤트가 흘러가기 시작했다.

팔로워 수가 많을수록 더 많은 할인 혜택을 받을 수 있다는 사실을 알게 된 사람들은 곧장 여러 커뮤니티에 글을 쓰기 시작했다. 무작위 팔로우 신청을 통해 다 같이 팔로워 수를 늘리자는 내용이었다. 그때부터 커뮤니티 사이트를 중심으로 본격적인 팔로워 수 늘리기가 진행됐다. 사람들은 트위터 계정 정지를 막기 위해 1시간마다 정해진 수를 팔로우하면서 계획적으로 팔로워 수를 올렸다. 도미노피자에는 비상이 걸렸다.

도미노피자 마케팅 본부는 부정 사용자들의 자발적인 자제를 요청했다. 애초 계획과 달리 악의적인 방법으로 최대 할인 혜택을 받는 이가 많아진 탓이었다. 도미노피자는 자유로운 트위터 문화를 지키며 이벤트에 참여하자고 권고했지만, 사람들은 아랑곳하지 않고 좀비 떼처럼 팔로워 수를 늘려 갔다. 일명 '피자의 난'이었다.

하지만 무작위 팔로우를 통한 신청자이더라도, 공지한 이벤트 내용에 어긋난 건 아니었으니 꼼짝없이 쿠폰을 지급해야 했다. 결국 도미노피자는 할인 쿠폰 다운로드 기간을 기존 8월 5일에서 7월 16일로 앞당기고, 쿠폰 사용 기간도 8월 31일에서 8월 5일로 변경했다. 이벤트의 조기 종료는 기업 신뢰도에 부정적인 영향을 끼쳤고, 막대한 손해까지 입혔다. 실제로 당시 쿠폰 발

급 현황표를 보면 일반적인 트위터 팔로워 수 분포와는 다르게 금액이 가장 높은 20,000원 쿠폰이 가장 많이 발급되었음을 확인할 수 있었다.

도미노피자의 '피자의 난'은 실패한 SNS 마케팅으로, 할인 쿠폰 이벤트의 허점을 고려하지 못해서 발생한 사례이다.

# 넥슨게임즈

*NEXON GAMES*

### 메이플스토리 (MapleStory)

크레이지 아케이드, 카트라이더, 메이플스토리, 서든어택. 어릴 적부터 한국에 살았다면 이중에 하나 정도는 접해 본 적이 있을 것이다. 이 게임들을 운영하며 오랫동안 국내 게임 업계 1위 자리를 차지했던 기업이 바로 넥슨게임즈이다.

넥슨게임즈는 오래전부터 한국 사람들의 입맛에 맞는 게임들을 서비스하며 많은 사랑을 받아 왔다. 특히 2000년대 초부터 사랑받아 왔던 메이플스토리와 서든어택 등은 현재에도 국내 시장 게임 점유율 10위 안에 들 정도로 인기를 끌고 있다.

하지만 넥슨게임즈의 명성은 해가 갈수록 떨어졌다. 오버워치, 배틀그라운드, 리그 오브 레전드 등 여러 게임에 밀리며 점차 점유율을 뺏겨 왔고, 심한 현금 결제 유도로 인해 많은 유저 이탈을 겪고 있었다. 그런 와중에 넥슨게임즈의 명성을 한순간에 땅바닥으로 떨어지게 한 사건이 2021년에 발생했다. 논란이 된 게임은 메이플스토리였다.

메이플스토리는 2003년 서비스를 시작한 RPG 게임으로, 흥미로운 스토리와 캐릭터 꾸미기 등 즐길 수 있는 콘텐츠가 많아 인기를 끌었다. 논란이 발생한 메이플스토리의 게임 요소 중 하나인 '큐브' 아이템도 없어서는 안 될 콘텐츠였다.

게임 속 큐브 아이템은 현금을 통해 캐릭터의 능력치를 높일 수 있는 확률형 아이템이다. 확률형이기 때문에, 운이 나쁘면 수차례를 뽑아도 원하는 아이템을 얻을 수 없었다. 그런데도 사람들은 자신들의 캐릭터 능력치를 최대로 높이기 위해 수많은 큐브를 구매했고,
이는 고스란히 수익 상승으로 이어졌다. 그렇게 큐브는 넥슨게임즈의 주요 수익 모델 중 하나가 되었다. 메이플스토리 전체 매출의 약 30%를 차지할 정도였다. 문제는 여기서 터졌다.

"큐브 확률이요? 그건 영업 비밀입니다."

메이플스토리 게임 디렉터 강원기는
처음부터 큐브 아이템의 확률을 공개하지 않았다. 확률에 대해 묻는 플레이어들에게 영업 비밀이라 말하며 질문에 응하지 않았다. 사실 큐브가 처음 도입된 2010년만 하더라도 옵션 출현 확률이 유동적일 거라 생각하는 플레이어는 없었다. 그러나 넥슨게임즈는 같은 해 9월 중순부터 인기 옵션이 덜 나오는 방식으로 확률 구조를 몰래 변경했다. 넥슨게임즈는 이 사실을 숨기고 2011년 8월 다음과 같이 공지했다.

"큐브의 기능(확률)에는 변경 사항이 없고 기존과 동일합니다."

하지만 메이플스토리 운영진 측은 계속해서 확률을 조작하고 있었다. 2013년에는 블랙 큐브의 레전드리 등급 상승 확률을 1.8%에서 1.4%까지 낮추었고, 2016년에는 1%까지 내려 버렸다. 아무런 공지도 없이 진행된 잠수함 패치였다.

그리고 시간이 지나 2021년, 계속해서 큐브 확률에 의문을 가지고 있던 한 유저가 넥슨게임즈에 정보 공개 유청을 했고, 이와 동시에 공정위(공정거래위원회)를 통해 조치를 요구했다.

공정위가 개입하자 넥슨게임즈는 회피하거나 두루뭉술한 태도를 유지할 수 없었다. 그렇게 해당 사건의 전말이 드러났다. 메이플스토리의 확률 조작이 밝혀졌고 공중파 뉴스 등으로 퍼져 나가면서 메이플스토리는 사기 게임으로 낙인찍히게 되었다. 넥슨게임즈 측은 이후 사과문을 발표하고 입장문을 내놓았다. 그러나 이미 많은 유저들이 게임에 신뢰를 잃은 뒤였다.

결국 기업의 이익을 위해 소비자들을 기만한 넥슨게임즈는 엄청난 손해를 감당해야만 했다. 동시 접속자는 절반 가까이 줄어들었고, 매출 역시 반 이상 급감했다. 사건의 심각성이 중대하다고 본 공정위는 사건 3년 후, 넥슨게임즈에 116억 원의 과징금을 처분했다. 전자상거래법 위반으로 매겨진 역대 최대 금액의 과징금이었다.

넥슨게임즈의 조작 사건은 당장의 이익을 위해 소비자를 기만하는 것은 기업의 미래를 죽이는 일이라는 것을 잘 보여 주는 사례였다.

# 11 마이크로소프트

*Microsoft Corporation*

## 준 (ZUNE)

2000년대 초중반은 그야말로 MP3 플레이어의 전성시대였다. 주머니에 쏙 들어가는 크기에 뛰어난 음질까지, 사람들은 이제 크고 불편한 워크맨 대신 MP3 플레이어를 찾기 시작했다. 다양한 기기 사이에서 가장 주목 받은 것은 2001년 출시된 '오리지널 아이팟'이다. 1,000곡의 음악을 수록할 수 있는 저장 공간과 자그마치 10시간 동안 사용할 수 있는 배터리까지! 아이팟의 등장 후 전 세계 기업들은 앞다투어 MP3 플레이어 제품들을 쏟아내기 시작했다. 실리콘밸리 성공의 아이콘 마이크로소프트 역시 마찬가지였다.

2006년 11월 드디어 마이크로소프트의 MP3 플레이어가 모습을 드러냈다. 바로 '준(ZUNE)'이었다. 준은 3인치 QVGA LCD 스크린을 장착했으며, 도시바의 30GB 하드디스크를 탑재했고 FM 라디오 기능과 와이파이를 지원했다. 디자인은 아이팟과 유사했으나, 사양은 조금 더 높은 셈이었다.

준은 첫 주까지만 해도 미국에서 아이팟에 이어 두 번째로 판매량이 우수했다. 마이크로소프트라는 브랜드파워도 있었고 당시 MP3 플레이어가 워낙 유행 중이었기 때문이다. 하지만 거기까지였다.

애플은 첫 출시인 2001년부터 꾸준히 새로운 모델을 출시했고, 준이 나올 당시에는 아이팟 나노까지 출시를 마친 상태였다. 이미 MP3 플레이어 시장에서 부동의 1위인 아이팟의 시장 점유율을 뺏어 오려면, 아이팟에 익숙해진 사람들의 이목을 끌 만큼의 차별점이 필요했다. 하지만 준은 다른 MP3와 크게 다른 점도 없었고, 가격 차이도 크지 않았다. 아이팟과 유사한 디자인은 오히려 소비자의 반감만 불러일으킬 뿐이었다.

마이크로소프트는 포기하지 않고 준의 2세대 모델과 3세대 준 HD 모델을 출시했으나, 이 역시 아이팟을 뛰어넘을 만한 경쟁력은 없었다.

그리고 얼마 지나지 않아 스마트폰이 등장했다. MP3 시대가 저물기 시작한 것이다. 사람들이 스마트폰에 탑재된 MP3 기능을 사용하면서, MP3 시장은 빠르게 가라앉기 시작했다. 실제로 2007년과 2016년 사이 스마트폰 판매율은 536% 상승했지만 MP3 플레이어 판매율은 87% 감소했다.

"다시 그때로 돌아간다면 준을 개발하지 않을 것이다. 준을 출시할 때쯤 이미 휴대용 음악 플레이어 시장은 하락하는 시장이었고, 애플을 뒤쫓아 가다가 끝나 버렸다."

준 개발 부서를 이끌었던 로비 바흐의 말이다.

결국 준은 2011년 10월 하드웨어 생산이 중단됐다. 2012년 6월에는 준의 모든 서비스 지원도 멈췄다. 꾸준한 인기로 2022년까지 아이팟 시리즈를 출시했던 애플과는 전혀 다른 행보였다.

이 사례는 후발 주자의 어려움, 그리고 변해 가는 시장 상황에 발 빠르게 대처하지 못할 경우 경쟁력 없는 상품이 어떻게 참패에 이르게 되는지를 보여 주었다. 제아무리 실리콘밸리 성공의 아이콘인 마이크로소프트라지만, 제품 개발에 있어서 잘못된 전략을 짠다면 결국 시장에서 도태되고 만다.

# 앤하이저부시

*Anheuser-Busch*

## 버드 라이트 (Bud Light)

마케팅에서 가장 중요한 부분 중 하나는 바로 '통찰'이다. 제품을 잘 분석하고 시장 이해도가 높아야만 성공적인 마케팅을 펼칠 수 있다. 이런 통찰력 없이 마케팅 전략을 짜면, 기업 이미지를 훼손할 수 있다. 미국의 대표 맥주였던 '버드 라이트'가 바로 그 대표적인 사례이다.

"이 브랜드는 정말 오랫동안 쇠퇴해 왔습니다. 젊은 청년들을 브랜드로 끌어오지 못한다면 버드 라이트의 미래는 없을 것입니다. 더 가볍고 밝은 이미지와 포용적인 마케팅으로 여성과 남성 모두에게 어필해야 합니다."

앤하이저부시에서 출시한 버드 라이트는 20년이란 세월 동안 미국 내 맥주 시장에서 1위 자리를 지켰다. 문제는 새로 부임한 마케팅 부사장 알리사였다. 그녀는 젊은 소비자를 끌어들이겠다는 명목으로 버드 라이트의 이미지와 정반대되는 마케팅 전략을 짜기 시작했다.

새로운 마케팅 전략은 충격적이었다. 버드 라이트는 트렌스젠더 인플루언서인 머베이니의 이름과 얼굴이 새겨진 맥주 캔을 제작했고, 이는 곧 머베이니의 SNS에 게시됐다. 이는 트렌스젠더 인권 캠페인을 지지한다는 뜻으로 해석될 수 있었다. 미국 내 중장년층이 주 소비자였던 버드 라이트가 다양성을 내세운 것이다.

보수적 성향이 강했던 버드 라이트의 주 소비자층은 해당 캠페인을 보고 분노했다. 오랫동안 지키고 있던 자신의 뚜렷한 가치관과 전통적인 라이프 스타일에 대한 도전으로 받아들였기 때문이다.

그렇게 어마어마한 규모의 불매 운동이 시작됐다. 사람들은 버드 라이트를 쓰레기통에 버리거나 내동댕이치는 모습을 SNS에 올렸고 이는 빠른 속도로 확산되었다. 논란이 시작되고 버드 라이트의 추락은 급물살을 탔다. 머베이니의 SNS 게시 이후 단 3주 만에 전년 대비 판매량이 무려 26%가량 감소했다. 20년간 미국 내 맥주 시장 1위를 달리던 제품이 단 3주 만에 2위로 추락한 것이다.

논란 이후 앤하이저부시는 공식 입장을 발표했다. 이번 마케팅은 특정 정치적 메시지를 전달하려는 의도가 아니었음을 해명했으나, 이미 논란은 커질 대로 커진 후였다. 손상된 이미지는 돌이키기 어려웠고, 소비자들은 여전히 버드 라이트를 불매했다.

또한, 해당 입장을 밝히자 LGBTQ[1] 커뮤니티의 일원들은 자신들을 부

1 성 소수자와 성 정체성을 탐색 중인 사람들을 포괄적으로 이르는 말이다.

정하는 것이냐며 반격했다. 결국 버드 라이트는 이도 저도 하지 못하고 하락세를 맞게 되었다.

이후 2024년 시장 조사에서 밝혀진 바로 버드 라이트는 미국 맥주 판매량 3위로 떨어지며 부동의 1위 자리를 계속해서 탈환하지 못하는 모습을 보이고 있다. 이 마케팅을 기획했던 부사장 알리사는 책임을 지고 회사를 떠났다.

이 사건은 마케팅에 있어서 정치와 사회적 상황에 관한 통찰이 얼마나 중요한지를 보여 주는 사례였다. 선호 고객층이 명확한 브랜드였던 버드 라이트에 다양성이라는 새로운 마케팅 전략이 오히려 역효과를 가져온 것이다.

# 코닥

*Eastman Kodak Company*

## 디지털카메라 최초 개발

현대에 와서 사진 촬영은 남녀노소 누구나 할 수 있는 기술이 되었다. 스마트폰 하나만 있으면 사진을 찍을 수 있고, 온라인 업체를 통해서 저렴하게 사진을 출력하는 것 또한 가능하다.

하지만 과거에는 아니었다. 1800년대의 초기 카메라는 너무 크고 무거워서 사진을 한 번 찍으려면 여러 사람이 달라붙어야만 했다. 사진을 현상하기 위해서는 여러 약품과 지지대, 물통, 암실, 유리 탱크 등 많은 준비물이 필요했기에 전문가가 아니면 진행할 수 없었다.

이를 본 코닥의 창업자 조지 이스트먼은 더 쉽게 사진을 찍고 현상할 수 있는 방법이 있을 거라고 생각했다. 과거 뉴욕의 평범한 은행원이었던 조지는 본격적으로 사진 사업에 뛰어들어 1883년 현대식 필름의 초기 형태를 만들어 냈다. 이후에는 투자를 받아내며 1888년 코닥을 설립할 수 있었다.

코닥은 필름 카메라와 필름, 인화지 등의 사업을 진행했는데, 특히 좋은 품질의 코닥 필름은 불티나게 팔리기 시작했다. 그렇게 해서 코닥은 1976년, 미국 사진 필름 시장의 90% 이상을 장악할 정도로 독점적인 지위를 누리며 사진 산업에 없어서는 안 될 기업이 되었다. 하지만 안타깝게도 그건 아날로그 시대까지만이었다.

그렇다면 코닥이 아날로그 필름 카메라에만 매달리느라, 디지털 시대를 전혀 내다보지 못했나? 그건 절대 아니었다. 믿기 힘들지만, 사실 디지털카메라를 세계 최초로 개발한 기업이 바로 코닥이었다. 1975년, 엔지니어 스티븐 사손에 의해 디지털카메라를 개발한 코닥은 다른 기업보다 압도적으로 유리한 위치였으나, 코닥 경영진들은 디지털카메라가 지금의 필름 카메라 사업을 방해하게 될까 봐, 기술 자체를 보류한다는 오판을 내리고 만다. 당시 벌어들이고 있던 필름 사업의 엄청난 수익을 보느라 미래의 수익을 예견하지 못한 것이다.

그렇게 코닥이 디지털카메라의 상용화를 미루며 쉬쉬하는 동안, 다른 기업들은 가만히 있었을까? 1990년대와 2000년대 초반, 디지털카메라가 세상에 모습을 드러내기 시작했다. 코닥이 필름 카메라만 붙잡고 있는 동안 다른 기업들은 앞다퉈 디지털카메라를 개발한 것이다. 니콘, 캐논, 소니와 같은 기업들의 디지털카메라가 엄청나게 팔려 나갔다.

코닥은 그제야 자신들의 판단이 잘못됐음을 깨달았지만, 이미 때는 늦었다. 디지털카메라 시장은 경쟁사들이 선점하고 있었고, 최초 개발 이후 손을 놓고 있어서 디지털카메라 기술력도 뒤떨어진 상태였다. 핵심 수익원이었던 필름 판매 역시 급감하기 시작했다. 디지털카메라와 스마트폰의 대중화로 인해 필름 사업의 수익성은 급격히 하락했고, 코닥은 재정적 어려움에 직면하게 되었다. 결국 코닥은 2012년 파산 보호 신청을 하며, 필름 카메라 시장의 제왕 타이틀을 내려놓아야 했다.

코닥의 가장 큰 실수는 미래의 디지털 트렌드를 예측하고도, 기존 사업의 이익에 집착하여 혁신을 미룬 것이었다. 코닥의 파산은 디지털 혁명의 흐름을 외면한 대가였으며, 기업이 변화와 혁신을 얼마나 중요하게 받아들여야 하는지를 보여 주는 사례였다.

# 구찌

*GUCCI*

**바라클라바 니트 탑 블랙 (Balaclava knit top black)**

인종 차별 논란은 기업 이미지에 치명적이다. 2019년 구찌의 새로운 제품이 그 대표적인 사례로 꼽힌다.

2019년 구찌가 발표한 독특한 디자인의 검은색 스웨터는 얼굴을 덮는 마스크 형태인데, 입 부분을 뚫어서 가장자리를 빨갛게 처리해 논란이 되었다. '블랙페이스'를 연상시키는 디자인이었기 때문이다.

블랙페이스의 역사는 19세기 중후반 미국에서 유행했던 '민스트럴 쇼'로 거슬러 올라간다. 민스트럴 쇼는 영국에서 넘어온 연극을 발전시켜 음악을 더한 일종의 코미디 쇼였다. 당시 민스트럴 쇼에는 백인 배우가 얼굴을 까맣게 칠하고 과장된 춤과 노래로 흑인 노예의 삶을 희화화하는 내용이 거의 고정적으로 들어갔다. 그러나 1960년대에 들어서 흑인 인권 운동이 거세게 일어남과 동시에 해당 행위가 '인종 차별적 행위'라는 인식이 생기면서 금기시되었다. 이러한 이유로 블랙페이스는 미국과 서유럽에서 인종 차별의 대표적 상징이 되었다. 그리고 현대에 와서는 블랙페이스의 범위도 확장되었다. 얼굴을 검게 칠하는 것만 얘기하는 게 아니라, 흑인을 연상시킬 만한 요소까지 포함하게 된 것이다.

구찌가 발표한 도톰한 빨간 입술과 검은색의 조합이 바로 그랬다. 더군다나 이미 2018년에 명품계에서 두 건의 인종 차별 사건이 일어난 상태였다. 돌체 앤 가바나는 아시아인 인종 차별 광고로 인해 몰매를 맞았고, 같은 해 프라다가 제작한 액세서리가 블랙페이스를 연상케 해 논란이 일었었다.

이렇듯 아직 채 꺼지지 않은 인종 차별 논란의 불씨를 2019년에 다시 구찌가 재점화한 것이다. 구찌는 다급히 해명문을 내놓았지만 대중들은 받아들이지 않았다. 결국 구찌는 해당 제품의 출시를 철회하고 게재한 사진 역시 내려야만 했다.

사건 발생 이후 흑인 유명 래퍼 티아이는 구찌를 보이콧한다는 의견을 밝히며 사람들에게도 보이콧 동참을 제안했다. 많은 이가 티아이의 의견에 동의하며 불매 운동에 불을 지폈다. 게다가 구찌의 흑인 수석 디자이너까지 보이콧을 선언하며, 여파는 점점 커져만 갔다. 인종 차별 문제에 대해 신중하지 못했던 구찌는 여러 유명인의 불매 운동과 함께 엄청난 손해를 감당해야만 했다.

# 15 맥도날드

*McDonald's*

## 맥 피자 (McPizza)

패스트푸드 하면 가장 먼저 떠오르는 세계적인 기업은? 아마 대부분이 맥도날드를 떠올릴 것이다. 이렇듯 패스트푸드 시장을 지배하던 맥도날드도 메뉴의 다양성을 늘 고민했다. 그리고 1980년대 후반, 맥도날드는 피자에 관심을 두기 시작했다.

당시 피자는 미국에서 엄청난 인기 메뉴로, 피자헛과 도미노피자 같은 체인점들이 급속히 성장하던 때였다. 맥도날드는 이러한 시장 상황 속에서 피자를 추가하면, 가족 단위 고객들을 매장으로 끌어들일 수 있을 거로 판단했다. 그리고 1989년, 맥도날드는 '맥 피자'를 출시하며 본격적으로 피자 시장에 진출했다. 피자도 햄버거와 마찬가지로 속도, 편리함, 맛, 퀄리티를 모두 제공할 수 있을 거로 생각한 것이다.

맥 피자에는 다양한 크기와 토핑을 선택할 수 있는 퍼스널 옵션이 있었고, 매장에서 갓 구워낸 따끈따끈한 피자를 제공했다. 맥도날드 매장에서 단 5분 만에 피자를 받아 볼 수 있다니, 처음에 소비자들은 긍정적이었다. 특히, 피자를 선호하는 가족 단위 고객들이 큰 매력을 느꼈다.

하지만 맥 피자의 인기는 금새 시들해졌다. 가장 큰 걸림돌이 되었던 것은 피자의 조리 시간이었다. 5분 만에 피자가 나온다는 광고와는 다르게, 맥 피자를 주문하면 최소 10분에서 15분 정도의 대기 시간이 발생했다. 패스트푸드의 가장 큰 장점인 '빠른 속도'가 무색한 상황이었다.

어설픈 맛과 품질도 문제였다. 피자 전문점들과 비교해 보았을 때 한참이나 떨어지는 맛과 퀄리티는 손님들의 발길을 돌리게 했다. 굳이 맥도날드에서 저퀄리티 피자를 먹을 이유가 없기 때문이었다.

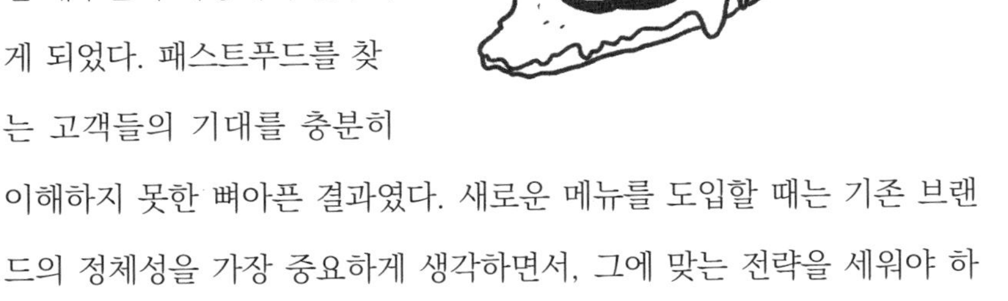

맥 피자는 결국 1990년대 후반 대부분의 매장에서 철수하게 되었다. 패스트푸드를 찾는 고객들의 기대를 충분히 이해하지 못한 뼈아픈 결과였다. 새로운 메뉴를 도입할 때는 기존 브랜드의 정체성을 가장 중요하게 생각하면서, 그에 맞는 전략을 세워야 하는 것이다.

# 애플

*Apple Inc.*

## 리사 (Lisa)

애플의 CEO 스티브 잡스는 딸 이름을 따온 제품을 만들었다. 그게 바로 애플의 '리사'였다. 리사는 1983년 1월 19일 발매한 컴퓨터로 애플이 개발한 컴퓨터 중 처음으로 GUI[2] 운영 체제를 도입했다. 스티브 잡스는 처음에 리사라는 이름을 '지역적으로 통합된 소프트웨어 아키텍처(Local Integrated Software Architecture)'의 약자라고 밝혔다. 길면서도 이해하기 어려운 이름이었다. 당시 개발팀에서는 잡스가 자신의 딸이라고 인정하지 않았던 혼외자 리사 브래넌에서 따온 이름일 것으로 추측했다. 잡스는 부정했지만, 훗날 리사를 자신의 딸로 인정한 후 진행된 인터뷰를 통해 딸 이름에서 가져온 것이 맞다고 이야기했다. 잡스는 자기 딸의 이름을 걸고 혁신을 일으킬 제품을 만든 것이었다.

개발 단계에서 애플 리사는 2,000달러대의 16비트 프로세서가 탑재된 컴퓨터로 기획됐다. 하지만 잡스는 이 정도에 만족하지 않았다. 그래서

2 Graphical User Interface. 편리하게 사용할 수 있도록 입출력 등의 기능을 알기 쉬운 아이콘 따위의 그래픽으로 나타낸 것.

탑재된 것이 GUI 운영 체제였다. 이전의 운영 체제에서는, 컴퓨터에게 무언가 시키려면 문장이나 단어를 키보드로 입력해야 했다. 하지만 GUI 운영 체제에서는 그저 마우스로 화면 위에 표시된 아이콘을 클릭하기만 해도 됐다. 혁신적인 시도였지만 제록스가 개발한 이 기술의 진가를 알아본 사람은 당시에 아무도 없었다. 이를 위해 애플은 GUI 라이선스를 가지고 있던 제록스에 주식을 일부 양도하는 조건으로 라이선스를 넘겨받아 사용했다.

그렇게 리사 개발 프로젝트가 시작되었다. 그런데 프로젝트의 주축이었던 스티브 잡스가 리사 출시 1년 전 개발팀에서 쫓겨나고 말았다. 잡스는 고집불통에 쉽게 감정적으로 구는 불같은 성격을 가지고 있었는데, 여기서 문제가 발생하게 된 것이다.

사실 잡스는 애플의 공동 창업자였지만 리사 개발 총괄이 아니었다. 총괄은 과거 HP에서 근무한 엔지니어 존 카우치였다. 그러나 잡스가 총괄의 말마저 무시하는 모습을 자주 보이게 되자 결국 애플의 상층부는 그를 매킨토시 부서로 쫓아냈다.

잡스가 좌천된 이후 리사 개발은 더 순조롭게 진행됐다. 그리고 시간이 지나 1983년 1월 19일 리사가 본격적으로 시장에 모습을 드러냈다. 당시로서 혁신적인 GUI 운영 체제를 보고 열광하는 사람들이 생겼다. 하지만 그건 업계 관계자와 개발자들뿐이었다. 소비자의

반응은 덤덤했다. 기술적으로 혁신을 일으켰다는 점은 알았지만, 너무 비싼 가격이 문제가 되고 말았다. 원래 리사는 2,000달러대의 가격을 목표로 잡았으나, 잦은 지연과 하드웨어 교체, 오랜 개발로 인해 제품값이 치솟게 되었다. 결국 리사의 출시 가격은 처음 생각했던 것과 큰 차이를 보인 9,995달러(2024년 가치로 약 4,000만 원)에 출시되었는데, 이는 당시 쉐보레의 대형 세단이었던 카프리스의 가격 9,027달러를 훌쩍 넘는 가격이었다. 게다가 리사 출시 1년 전 매킨토시 부서로 좌천된 잡스가 이듬해 리사보다 훨씬 저렴하지만 성능이 좋은 매킨토시 128K를 시장에 내놓으며 분위기가 완전히 가라앉고 말았다.

고해상도 GUI 운영 체제, 대용량 하드디스크, 멀티태스킹 등 시대를 앞선 혁신적인 기능의 리사는 결국 실패로 돌아가고 만다. 끝내 애플은 팔리지 않은 리사의 재고 약 2,700대를 유타 쓰레기 매립지에 모두 묻어버리고 해당 프로젝트의 실패를 대대적으로 인정해야 했다.

# 테일러 앤 선스

*Taylor & Sons*

## 철자 혼동

철자 하나 틀렸을 뿐인데, 기업의 운명이 바뀔 수 있을까?

2009년, 'Taylor & Sons'를 운영하던 CEO 필립은 직원으로부터 회사가 파산했다는 황당한 소식을 듣게 되었다. 124년의 오랜 전통과 250명 이상의 직원, 꾸준한 매출을 올리는 엔지니어링 회사가 파산이라니. 아무리 생각해 봐도 회사가 파산할 이유는 전혀 없었다.

필립은 곧장 기업 등록소에 연락했다. 직원의 말은 사실이었다. 회사는 이미 파산 확정을 받았고 기업 해체 작업이 진행 중이었다. 이게 도대체 무슨 일일까? 그리고 얼마 후 필립은 충격적인 사실을 알게 된다.

'Taylor & Sons'는 애초에 기업 등록소 직원의 실수로 s가 하나 빠진 'Taylor & Son'으로 등록된 상태였다. 그러다 시간이 지나 'Taylor & Son'이라는 이름을 사용하던 기업이 파산 신청을 진행했는데, 등록소 직원이 같은 회사로 혼동하고 만 것이다.

3일 후, 기업 등록소는 잘못을 인정하고 파산 사실을 수정했지만 이미

피해는 커질 대로 커진 상태였다. 'Taylor & Sons'가 파산 절차에 들어갔다는 소식을 들은 고객들은 주문을 취소했고, 공급 업체는 손을 떼고 말았다. 모든 계약은 해지되었고 금융 거래도 중단되었다. 기업의 상황은 최악으로 치닫게 되었다. 위기를 이겨 내지 못한 'Taylor & Sons'는 결국 2014년 실제로 파산에 이르고 말았다.

이후 필립은 정부를 상대로 소송을 제기했고, 법적 분쟁 끝에 비밀 합의를 조건으로 합의금을 받게 되었다. 합의금 액수는 공개되지 않았지만, 기업의 역사와 규모를 고려해 꽤 큰 금액을 지급받았을 것으로 예측된다.

이 사건은 기업이 사소한 부분 하나까지 재확인해야 한다는 점을 일깨워 주었다. 물론 문제의 원인은 기업 등록소 직원의 실수였으나, 만약 필립이 기업 등록 후 서류에 적힌 회사명을 제대로 확인했다면 발생하지 않을 수 있었던 사건이었다.

# 구글

*Google*

## 구글 글래스 (Google Glass)

두 대학생이 차고에서부터 시작해 엄청난 성공을 이뤄 낸 기업이 있다. 인터넷을 사용해 봤다면 모두가 알 수밖에 없는 기업. 바로 구글이다. 구글은 매번 새로운 분야로 사업을 확장하고 다양한 프로젝트를 성공시켰다. 안드로이드, 크롬 등 많은 사람이 사용하는 모바일 운영 체제와 웹 브라우저 등을 개발한 것도 구글의 혁신적인 시도가 불러다 준 성공이다.

2011년 구글은 또 하나의 새로운 프로젝트를 발표했다. '프로젝트 글래스'라는 이름으로 발표한 '구글 글래스'는 헤드 마운티드 디스플레이[3]가 장착된 웨어러블 기기였다. 오른쪽 눈썹 위치에 프리즘이 돌출된 안경으로 스마트폰 일부 기능을 사용할 수 있다니. 지금까지 없었던 혁신적인 기술에 사람들은 앞다퉈 구매를 희망했다.

그리고 2012년 구글 글래스의 첫 인도가 시작됐다. 당시 구글은 샌프란시스코에서 진행한 개발자 회의를 통해 데모 버전을 발표했고, 구글

3 머리 부분에 장착해 이용자의 눈앞에 직접 영상을 제시할 수 있는 디스플레이 장치.

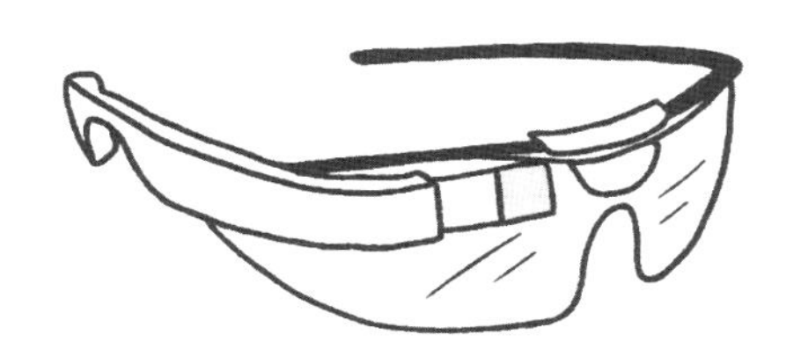

글래스를 착용한 스카이다이버들이 스카이다이빙하는 영상을 공개했다. 이때 회의에 참석한 약 2,000명의 사람들이 1,500달러(한화 약 200만 원)의 가격으로 익스플로러 에디션을 선주문했다. 시작은 성공적이었지만, 곧 구글 글래스는 여러 논란에 휩싸이게 됐다.

구글 글래스는 사진 촬영과 720p HD(1280×720) 영상 녹화가 가능하다. 손쉽게 촬영할 수 있어 좋은 기능이라고 생각할 수 있지만, 상대방이 동의하지 않은 상태라면 어떨까. 게다가 현재 촬영 중이라는 걸 제대로 파악하기 어렵다는 것도 문제였다. 동영상 촬영 중에는 녹화를 알리는 불빛이 글래스 위에 나타나지만, 작은 불빛이라 알아채기 힘들었다.

이렇듯 휴대폰보다 훨씬 쉽게 도촬이 가능하다는 사실이 알려지면서 사회적으로 큰 파장이 일었다. 특히 연예인 행사 등과 같은 곳에서 안경 카메라와 같은 제품들이 문제가 된 만큼 구글 글래스 역시 논란을 피해갈 수 없었다. 미국 시애틀에 있는 한 카페에서는 구글 글래스 착용자의 출입을 금지하기도 했다.

또 하나의 문제는 사생활 침해 문제였다. 구글 글래스는 인터넷 연결로 정보를 주고받을 수 있는데, 이 정보가 해킹으로 외부에 유출될 수도 있었다. 사람 대 사람으로 하는 대화가 사실은 녹화, 녹음되고 있거나 심지어 스트리밍되어서 실시간으로 영상이 전달될 가능성 역시 존재했다. 만약 구글 글래스를 해킹당한다면, 휴대폰을 해킹당하는 것보다 더 심각한 사생활 침해가 이루어질 수 있는 것이다.

웨어러블 안경이라는 기술만 보았을 때는 혁신적이었으나, 사회적으로 보았을 때 소비자와 대중들에게 환영받을 수 있는 기능이 아니었다. 결국 여러 문제점으로 인해 구글 글래스의 시도는 실패로 돌아갔고, 정식 출시 없이 데모 버전 출시를 끝으로 프로젝트를 마무리해야만 했다. 산업 현장에서 업무 지시 용도로 잠시 판매된 적이 있었지만, 공식적인 판매는 아니었다.

해당 사례는 기업이 혁신적인 기술에만 중점을 두고 사회적인 문제를 염두에 두지 않았을 때 생기는 문제점을 보여주고 있다. 아무리 대단한 기술이라도 어쨌든 기술은 사람이 사용하는 것이다. 실제로 사회에서 사용됐을 때 생기는 문제를 생각하지 않으면 기술은 외면 받고 만다.

# 테슬라

*Tesla, Inc.*

## 사이버트럭 (Cybertruck)

전 세계가 주목하는 공개 발표가 2019년 11월 21일 로스앤젤레스에서 진행되었다. 2012년 일론 머스크의 입에서 처음으로 언급된 전기 픽업트럭은 공개 전까지 사람들의 기대를 모았다. 2019년 3월에 사이버펑크 스타일의 미래지향적인 디자인이 발표되자 충성 고객층을 비롯한 업계의 관심이 한순간에 테슬라로 향했다. 일명 '사이버트럭'이었다.

'테슬라 사이버트럭의 방탄유리는 112km/h의 야구공 또는 4등급 우박의 충격마저 견뎌 냅니다.'

테슬라 CEO 일론 머스크는 공개 발표에서 사이버트럭의 강력한 성능과 SF 영화에서 등장할 법한 독특한 디자인, 견고한 차체와 유리를 강점으

로 내세웠다.

'엑소 스켈레톤'[4]이면서 초고경도 스테인리스 스틸로 제작한 차체는 기관총도 견딜 정도로 견고하여 안전할 뿐만 아니라, 잔기스와 문콕 등의 스트레스에서도 자유롭다. 또한, 사이버트럭의 방탄유리 '아머 글라스'는 특수한 강화 유리로 제작되어 외부 충격에 강하고 쉽게 깨지지 않는다는 점이 큰 특징이었다.

머스크는 차량의 구조와 성능을 보여 주는 데 그치지 않고 직접 시연에 나섰다. 차량 외부를 큰 망치로 세게 내려치기 시작한 것이다. 강한 힘으로 망치를 휘둘러도 차량은 온전한 형태를 유지했다. 이에 자신감을 얻은 머스크는 방탄유리의 성능을 자랑하기 위해 테슬라 디자이너 프란츠 폰 홀츠하우젠을 무대에 불러 시연을 맡겼다. 무대에 오른 홀츠하우젠은 금속으로 된 구를 들어 사이버트럭의 운전석 창문에 힘껏 던졌다.

"이렇게 유리창에 야구공을 던져도 깨지지 않…, 어? 맙소사…."

힘껏 던진 금속 구에 맞은 방탄유리는 쩍, 하는 소리와 함께 금이 가고 말았다. 당황한 머스크는 바로 옆의 창문에도 던져 보라고 했다. 하지만 이번에도 유리는 또다시 갈라졌다. 시연을 통해 방탄유리의 견고함을 강조하려던 의도와는 정반대의 결과가 나오면서 현장에는 당혹스러운 분위기가 감돌았다.

사이버트럭의 방탄유리 시연 사고는 즉각적인 파장을 일으켰다. 당시 주식 시장에 상장되어 있던 테슬라의 주가는 6.14%가 급감했다. 투자자

4 차대(프레임)와 차제(바디)가 일체형인 구조. 내부 부품 장착 공간을 넓게 확보할 수 있다는 장점이 있다.

들의 불안함을 반영한 결과였다. 방탄유리 시연 실패는 차량의 신뢰성에 의문을 제기하게 했고, 이는 테슬라의 브랜드 이미지에 부정적인 영향을 끼쳤다. 일론 머스크는 이후 인터뷰에서 유리가 깨진 이유가 시연 전에 차량 문을 망치로 과도하게 두드리는 등 잘못된 테스트 방식 때문이라고 설명했지만, 이미 널리 퍼지기 시작한 영상과 사건의 충격은 쉽게 사라지지 않았다.

소셜 미디어와 언론은 해당 사건을 크게 다뤘다. 기대감이 큰 공개 발표였기에 논란은 더 빠르게 퍼져 나갔다. 사람들은 해당 사고를 사이버트럭의 기술적 결함이라고 비판했고, 테슬라의 충성 고객들은 누구나 할 수 있는 실수라며 감싸기도 했다. 머스크는 해당 사건 이후 특유의 재치와 유머러스함으로 상황을 넘기며, 유리 강도에 대한 개선을 약속했다.

사이버트럭 공개 발표의 방탄유리 시연 사고는 테슬라에게 곤혹스러운 순간 중 하나로 남았다. 전 세계의 관심이 몰린 만큼, 제품의 신뢰 여부를 결정하게 되는 상황에서 신중하지 못했다. 예기치 못한 실수는 단기적으로 주가 하락과 기업 신뢰도에 부정적인 영향을 미쳤고, 이를 해결하기 위해 테슬라는 계속해서 사이버트럭의 신뢰도를 증명해야만 했다.

# 롯데월드

*LOTTE WORLD*

## 롯데월드 어드벤처 무료 개방

롯데월드가 전 국민에게 무료 개방을 하면 어떤 일이 생길까? 실제로 2006년 3월 26일, 잠실의 테마파크 롯데월드 어드벤처는 무료로 개방된 적이 있었다.

같은 해 3월 6일, 롯데월드에서 취객이 놀이 기구 아틀란티스에 탑승하면서 안전장치를 제대로 하지 않아 사망한 사건이 있었다. 책임자인 롯데월드는 유가족에게 사과하고 보상하였고, 그와 함께 대국민 사과 차원으로 무료 개방을 실시했다. 원래 3월 26일부터 31일 수요일까지 진행될 예정이었으나, 실제로는 단 하루 만에 끝나고 롯데월드 어드벤처는 잠정 휴관에 들어가게 된다. 무슨 일이었을까?

무료 개방 첫날, 롯데월드는 아수라장 그 자체였다. 새벽 4시부터 잠실역 인근에 인파가 몰리기 시작해, 오전 7시 무렵에는 6만여 명의 어마어마한 관람객이 입장을 기다리고 있었다. 롯데월드 측에서는 고작 2백여 명의 안전요원을 배치했기 때문에, 사람들을 제대로 통제하지 못했다.

입장 전인 7시 20분쯤, 안전요원이 확성기를 통해 '앉아서 기다려 달라'는 말을 했다. 하지만 이 말은 뒤편에까지 제대로 들리지 않았고, 오히려 '이제부터 입장해 달라'는 말로 잘못 전달되었다. 뒤쪽의 사람들이 앞사람을 밀고 들어오기 시작했고, 입구 근처는 아수라장으로 변해 버렸다. 계단 가운데 있던 난간이 뽑혀 나가고, 출입구의 유리창도 깨졌으며, 35명의 부상자도 발생했다. 당시 입장객 통제를 진행했던 롯데월드 직원은 압사자가 발생하지 않은 게 기적이었다고 이야기했다.

곧 신고를 받은 경찰 400여 명이 배치되면서 다행히 사태가 수습되었고, 8시 20분부터 입장이 시작되었다. 하지만 오전 9시 40분이 되자 입장객이 3만 5천 명을 넘어섰다. 롯데월드 어드벤처의 수용 인원 한계치는 3만 8천 명이었다. 어린이날이나 크리스마스 같은 특별한 날에도 하루 누적 입장객이 3만 명을 넘을 뿐인데, 입장한 지 얼마 되지 않아 그보다 더 많은 인원이 몰린 것이다. 장내가 포화 상태가 되어서 제대로 된 운영이 어려웠다.

롯데월드는 개장 한 시간 만에 입장을 급하게 중단시키고 대기 중이던 사람들에게 집으로 돌아가 줄 것을 요청했다. 그러나 입장하지 못한 이들은 이용권 지급 등을 요구하며 격하게 항의했다. 당시 롯데월드에 오기 위해 먼 지방에서 온 사람들이 수두룩했던 탓에 발걸음이 떨어지지 않는 게 당연했다. 이미 들어간 사람들도 엄청난 인파 때문에 즐기기는커녕 고생만 계속해야 했다. 결국 롯데월드는 기존 폐장 시각보다 5시간이나 이른 6시에 조기 폐장되었고. 무료 개방은 하루 만에 종료되었다.

"사고로 얼룩진 롯데월드 무료 개방 행사에 대해서 발상부터 문제였다는 비난이 쏟아지고 있습니다."

사건을 다룬 뉴스 앵커의 클로징 멘트이다. 제대로 된 준비 없이 무료 개장을 진행한 것이 문제였다. 유명 테마파크가 아무 조건 없이 무료 개방을 했을 때 수많은 인파가 몰리는 것은 예견된 일이다. 안전 요원의 수를 늘리고 경찰에 지원 요청하는 방법도 있었지만, 롯데월드는 터무니없이 적은 안전 요원만으로 무료 개장을 진행했다. 사실상 안전불감증 때문에 벌어진 사건이라는 것이다.

큰 논란을 일으킨 롯데월드는 무료 개방 예정일이었던 31일까지 휴관에 돌입했다. 그동안 시설을 정비하고 부상자들에게 치료비를 제공했으나, 여론은 차갑기만 했다. 대국민 사과 차원에서 진행한 무료 개방은 엄청난 금전적 손실과 이미지 손실만을 남긴 채 종료되었다.

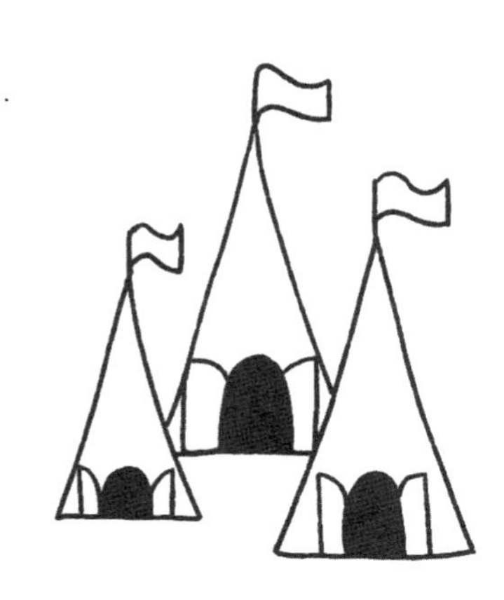

# 월트 디즈니 컴퍼니

*The Walt Disney Company*

## 타란의 대모험 (The Black Cauldron)

1923년 설립되어 현존하는 가장 오래된 애니메이션 제작사 '월트 디즈니 애니메이션 스튜디오'는 미국 애니메이션 스튜디오를 대표하는 기업이다. 하지만 디즈니는 1980년대에 들어서 위기를 맞은 적이 있었다. 새로 내놓는 작품의 흥행이 연이어 실패하면서 예전의 명성을 잃어 가고 있었기 때문이다. 디즈니는 이런 위기를 극복하고자 어린이와 어른 모두 사로잡을 수 있는 애니메이션, 〈타란의 대모험〉을 제작하기로 한다.

〈타란의 대모험〉은 로이드 알렉산더의 판타지 소설 시리즈인 『프리데인 연대기』를 바탕으로 만든 작품으로, 중세 판타지 세계를 배경으로 한 이야기였다. 이전에 만들었던 밝고 가족적인 분위기의 작품들과는 전혀 다른 분위기였던 셈이다.

디즈니는 컴퓨터 애니메이션 기법을 최초로 도입하는 등 새로운 기술을 적극 활용했다. 제작 기간만 5년 이상이 걸릴 정도로 큰 규모의 작업이었으며 예산은 4천만 달러(한화 약 535억 원)에 달해 당시 디즈니 애니메이션 역사상 가장 비싼 영화가 되었다. 디즈니는 이 영화가 성숙한 주제를 전달하고 애니메이션 영화의 한계를 깨며, 더 넓은 연령층에게 사랑받을 수 있을 거라고 생각했다.

그러나 첫 단계인 제작 과정에서부터 문제가 발생했다. 애니메이션 제작 상황에서 감독진과 제작진 사이의 의견 충돌이 빈번했고, 스토리와 캐릭터 개발 과정에서 많은 혼란이 있었다. 감독진이 일방적으로 원했던 어두운 분위기 때문이었다. 실제로 시사회 당시, 아이들은 너무 어두운 이야기와 잔혹한 애니메이션 연출을 보고 공포에 질리기도 했다. 어린이에게 맞지 않은 부분에서 대규모 편집이 불가피한 상황이 된 것이다. 우여곡절 끝에 완성된 영화는 제작진이 원래 의도했던 바를 제대로 전달하지 못했고, 줄거리는 일관성을 잃어버렸다. 그런데도 작품 전체적인 분위기를 아예 바꿀 수는 없었기에 잔혹한 장면 몇 부분은 그대로 유지되었다.

그리고 1985년, 〈타란의 대모험〉이 본격적으로 개봉을 알렸다. 불안한 시작에서 짐작할 수 있듯이, 〈타란의 대모험〉은 대실패로 기록되었다. 관객들은 디즈니가 그동안 보여 주었던 밝고 가족 친화적인 애니메이션을 기대했기 때문에, 어두운 분위기와 복잡한 스토리를 보고 당혹감을 감추지 못했다. 디즈니의 주 소비자층인 어린이 관객과 가족들이 접근하기에 적합하지 않은 내용과 연출에, 비평가들 역시 혹평을 남겼다.

〈타란의 대모험〉은 개봉 첫 주에 4위에 머물렀다. 흥행도 고작 2천만 달러(한화 약 250억 원)에 그쳐 제작비조차 회수하지 못했다. 이는 디즈니 역사상 가장 큰 손실이며 브랜드 이미지에도 큰 타격을 입었다.

"로이드 알렉산더의 원작 소설에서 느꼈던 강력한 유머, 비극, 판타지가 부족하다고 느꼈다. 이 이야기는 일생에 단 한 번뿐인 기회였고, 이렇게 훌륭한 소재가 낭비되는 것을 보는 건 매우 가슴 아픈 일이었다."

월트 디즈니 스튜디오의 회장이었던 제프리 카첸버그는 위와 같은 말을 남겼다. 회장 역시 이 작품에 큰 실망을 드러낸 것이다.

이 사례는 기업이 주 소비자층의 니즈를 제대로 파악하지 못하고 새로운 시도를 하는 것이 얼마나 잘못된 방식의 경영인지를 보여 주고 있다.

# 노스페이스

*The North Face*

## 위키피디아 광고 조작

2019년, 노스페이스가 위키피디아에 실린 자연 경관 사진 중 일부를 노스페이스 제품이 들어간 사진으로 변경하기 시작했다. 위키피디아는 세계 최대의 온라인 백과사전으로, 사용자들이 작성한 정보와 이미지를 기반으로 운영되는 사이트이다. 노스페이스는 위키피디아 사용자들이 자사의 제품을 무의식적으로 보게 만들어서 일종의 간접 광고 효과를 노린 것이다.

노스페이스는 이를 '검색 엔진 최적화[5] 전략을 넘어서'라는 슬로건으로 자랑스럽게 발표하며, 구글 검색 결과에서 상위에 오를 수 있는 비밀을 발견했다고 홍보영상까지 만들었다. 그러나 노스페이스의 위키피디아 페이지 이미지 조작은 바로 문제가 됐다. 위키피디아는 상업적 이익을 위한 콘텐츠 조작을 엄격히 금지하고 있으며, 모든 사용자가 공정하고 객관적인 정보를 제공하는 것을 원칙으로 삼고 있기 때문이었다.

5 Search engine optimization. 웹사이트 검색에서 더 자주 노출되도록 하는 마케팅 기법.

위키피디아 운영 단체인 위키미디어 재단은 즉각 대응에 나섰다. 재단은 노스페이스의 행위를 "위키피디아 사용자들을 기만하고, 상업적 이익을 위해 공공 자원을 악용한 것"이라고 말하며, 노스페이스가 교체한 이미지를 모두 삭제하고 원래 사진으로 되돌렸다. 노스페이스는 사건 이후, SNS와 여러 매체에서 거센 비난을 받았다. 위키피디아의 중립적이고 공정한 콘텐츠 생태계를 순전히 상업적 이익을 위해 악용했다는 것이다.

결국 노스페이스는 공식적으로 사과문을 게재했다. 위키피디아의 가치와 규정을 존중하지 못한 점을 인정하며, 이번 일이 불쾌감을 주었다면 사과한다고 밝혔다. 또한, 자신들의 잘못된 접근 방식을 바로잡고, 앞으로는 위키피디아와 같은 공공 플랫폼의 원칙을 위반하지 않겠다고 이야기했다.

해당 사건은 마케팅 활동에서 규정을 지키지 않았을 때 어떤 결과가 발생할 수 있는지 보여 주는 대표적인 사례로 남았다.

# 토요타

*Toyota Motor Corporation*

## 크라운 (Crown)

일본 자동차라는 말을 들으면 바로 떠오르는 기업은 바로 토요타. 전 세계 1위 판매량을 자랑하는 세계적인 기업이다. 이런 자리에 오기까지 토요타는 여러 위기를 겪었다.

제2차 세계대전이 그 첫 위기였다. 토요타는 닷지 라인[6]으로 인해 큰 재정 위기를 맞는데, 1950년 한국 전쟁이 터지고 토요타 BM을 군수송 트럭으로 재생산하기 시작하면서 다시 회생한다. 하지만 종전의 후유증은 쉽게 사라지지 않았다.

토요타 자동차의 중흥을 이끈 이사 도요다 에이지는 어떻게든 회사를 일으켜 세워 전 세계적인 자동차 기업이 되려고 했다. 그래서 개발과 판매에 힘을 아끼지 않았고, 이를 위해 세계 자동차 업계 2위였던 미국의 포드사를 방문했다.

당시 포드의 하루 자동차 생산량은 8,000대였는데, 이때 토요타의 생

6 미국 디트로이트 은행장 조셉 닷지가 방일하여 밝힌, 일본의 경제적 자립과 안정을 위한 재정·금융 긴축 정책.

산량은 고작 40대뿐이었다. 그런데도 도요다 에이지는 포기하지 않았다. 일본과 미국 시장에서 먹힐 수 있는 승용차를 개발할 수 있을 거라고 믿었다.

그리고 1955년, 크라운을 발표했다. 크라운은 원래 택시 시장 수요를 위해 개발되었지만, 일반인들 역시 판매 대상 중 하나였다. 코치 도어[7]로 뒷좌석을 만들어 고급스러움을 강조했고, 내구성을 고려하여 승용차 전용 섀시를 사용했다. 자국 내 판매량은 성공적이었다. 독자적인 차량 개발과 자국 내 판매량에 자신감을 가진 일본은 당당히 크라운을 미국으로 수출하게 된다. 하지만 결과는 참담했다.

크라운의 가장 큰 문제는 주행 성능이었다. 일본의 도로는 시내 주행 위주였고 고속도로 주행 환경이 많지 않았다. 그러나 미국은 고속도로 주행이 많았다. 때문에 강한 힘과 이를 뒤받쳐 줄 수 있는 내구성이 필요했다. 실제로 당시 미국에서는 가장 작고 저렴한 자동차들도 3,000cc 이상 6기통 차량이 대부분이었다. 석유 파동이 일어나기 전까지 미국에서는 6기통 자동차가 아니면 자동차라고 취급하지 않을 정도였다.

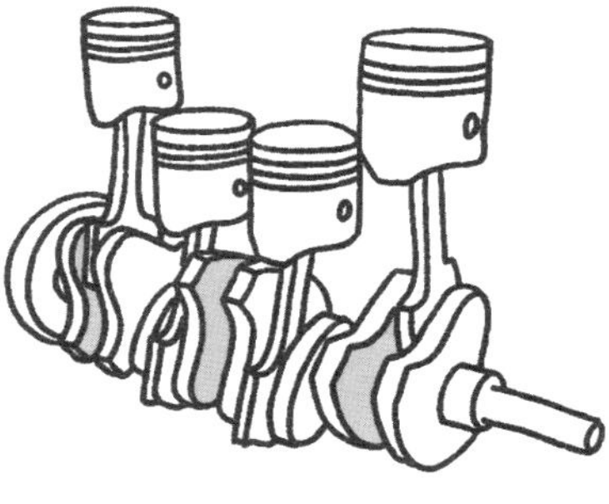

고작 1,500cc 4기통 차량이었던 크라운은 미국의 길고 긴 대로를 주행하기에 역부족이었다. 낮은 출력 때문에 언제나 높은 엔진 회전수를 유지해야만 했고, 이는 곧 내구성 문제로 이어지고 말았다.

7 의전용 차량 등에 자주 사용되는 도어 개폐 방식. 경첩이 자동차의 뒤쪽에 달려 있어 일반적인 자동차 문과 반대 방향으로 열린다.

문제를 인지한 토요타는 크라운의 배기량을 1,900cc로 올려 재수출에 나섰다. 토요타가 할 수 있었던 최선의 대처였으나, 이마저도 미국 소비자들의 눈높이에는 턱없이 부족했다. 당시 미국인들은 토요타 차량을 단어 'Toy(장난감)'와 'Pet(애완동물)'을 합쳐 'Toy Pet'과 같은 차량이라고 이야기할 정도였다. 토요타는 끝내 크라운의 수출을 잠시 중단할 수밖에 없었다. 미국의 도로 환경과 주행 환경을 고려하지 않아 생긴 뼈아픈 실수였다.

그러나 토요타는 세계적인 기업을 향해 발전을 거듭했다. 실수를 그냥 넘기지 않고 성공을 위한 발판으로 삼아 계속해서 더 좋은 성능의 자동차를 개발한 것이다. 그렇게 토요타는 2020년부터 2023년까지 4년 연속 전 세계 자동차 판매량 1위를 기록하며 세계적인 기업으로 성장할 수 있었다.

### 뉴턴 메시지패드 (Newton MessagePad)

지금은 스마트폰이나 태블릿 PC를 통해 메모하고 필기를 한다는 게 너무나 익숙하고 당연한 일이지만, 1993년 당시에는 매우 낯선 개념이었다. 그렇기에 애플이 선보였던 뉴턴 메시지패드를 두고 사람들이 "미래에서 온 기기"라 부른 것도 이해가 가는 대목이다.

뉴턴 메시지패드는 세계 최초의 개인용 디지털 단말기(PDA)로, 사용자가 손으로 쓴 글씨를 디지털 텍스트로 변환하는 필기 인식 기술을 중심으로 개발되었다. 메모 작성, 일정 관리, 이메일 전송 등 오늘날 스마트폰과 태블릿 PC를 통해 자주 사용하는 기능들이 포함되어 있었다. 기기 하나만으로 두꺼운 노트, 다이어리 등을 대신할 수 있다니! 뉴턴 메시지패드는 당시 대중들의 관심을 한 몸에 받았다.

하지만 기술적 한계가 발목을 잡았다. 아무리 기술적으로 앞서 있던 애플이라지만, 당시 필기 인식 기술은 지금보다 한참 모자랐다. 글씨가 끊기거나 제대로 인식하지 못하는 등, 펜과 종이를 이용한 아날로그 방식의 필기보다 사용감이 나빴던 것이다. 700달러에 이르는 높은 가격대의 출시가도 대중들에게 지나치게 부담스러운 금액일 수밖에 없었다.

게다가 1990년대 초반은 디지털 도구와 모바일 기기에 대한 대중적 수요가 거의 없던 시대였다. 그래서 소비자들은 뉴턴의 필요성에 대해 제대로 이해하지 못했다. 아이디어와 기술은 앞서 있었지만 시장이 아직 준비되지 않았던 것이다.

결국 뉴턴 메시지패드는 4개월 동안 5만 대 판매에 그치는 판매 부진을 겪으며 1998년에 단종되었다. 이 실패는 애플의 재정적 위기를 심화시켰고, 스티브 잡스가 애플에 복귀한 후 뉴턴 프로젝트는 완전히 폐기되었다.

이 사례는 너무 이른 혁신이 시장에서 성공하기 어렵다는 교훈을 남겼다. 아이디어를 받쳐 줄 수 있는 기술, 대중의 수용 능력, 시장의 준비 상황을 고려하지 않으면 실패로 이어질 수 있다는 것이다. 그러나 훗날, 애플은 이 실패를 발판 삼아서 아이폰과 아이패드로 뉴턴 메시지패드의 개념을 완벽히 부활시켰고, 전 세계적인 성공을 거두었다.

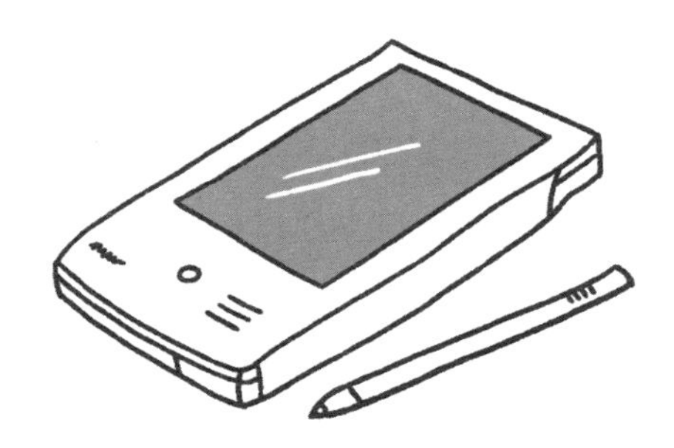

# 25 갭

*GAP*

**리브랜딩 (Rebranding)**

2000년, 패션 업계에 호황의 바람이 불었다. 소득 수준이 상승하고 패션에 대한 관심이 높아지면서 새로운 의류 브랜드들이 등장해 인기를 끌었다. 이런 상황에서 미국의 대표 캐주얼 의류 브랜드 갭(GAP)은 시장 경쟁력을 잃고 있었다. 반드시 변화가 필요한 시점이었다.

오랜 회의 끝에 결정된 방법이 바로 로고 리디자인이었다. 로고는 브랜드의 정체성이자, 핵심 마케팅 수단이다. 따라서 로고 리디자인은 브랜드의 새로운 변화를 시각적으로 잘 전달할 수 있다는 장점이 있지만, 그만큼 소비자들의 반감을 살 수 있다는 위험성도 함께 안고 있는 방법이었다.

기존 갭 로고는 파란색 정사각형 배경에 흰색 대문자로 'GAP'을 써넣은 형태였다. 단순하고 깔끔한 디자인으로, 오랫동안 고객들로부터 사랑을 받아 온 로고였다. 하지만 변화가 필요했던 갭은 고객들에게 새로운 이미지를 주기 위해 기존 정사각형 바탕과 흰색 로고를 버렸다. 그 대신,

현대적이고 세련된 느낌을 위해 검은색 텍스트로 표시된 'Gap' 글자를 쓰고, 작은 파란색 사각형을 'P' 옆에 삽입했다.

갭은 이러한 로고 리디자인을 통해 디지털 시대에 맞춘 세련된 이미지를 전할 수 있을 거라 생각했다.

하지만 갭의 기대와는 달리, 새로운 로고는 발표와 동시에 강한 반발을 샀다. 고객들은 SNS를 통해 '새로운 로고가 오히려 브랜드 정체성을 훼손하고 있다'며 새로운 디자인에 관한 불만을 털어놓았다. 오랫동안 갭의 기존 로고에 익숙했던 고객들은 변화를 받아들이기 어려워했고, 새 로고가 옷에 달려 있으면 구매하지 않겠다는 의사까지 보였다.

갭은 로고 리디자인 과정에 1억 달러(한화 약 1,350억 원)에 가까운 돈을 들였으나, 결국 새로운 로고를 발표하고 단 6일 만에 오리지널 로고로의 복귀를 결정했다.

"우리는 기존 브랜드 로고에 얼마나 많은 힘이 있는지 알게 되었고, 여러 고민 끝에 상징적인 파란색 정사각형 로고를 다시금 채택하기로 했습니다."

갭은 소비자들의 피드백을 경청하겠다는 입장을 밝히며, 고객과의 유대가 브랜드 성공의 핵심이라는 교훈을 얻었다고 발표했다.

갭 로고 리디자인 사건은 브랜드 정체성과 소비자 간의 감정적 연결이 얼마나 중요한지를 보여 주는 대표적인 사례였다. 로고와 같은 상징적인 요소는 단순한 디자인을 넘어, 소비자들의 기억과 감정에 깊이 뿌리내리고 있기 때문이다.

# 이마트24

*emart24*

## 바닐라 버터샌드

작은 논란도 쉽고 빠르게 퍼져 나가는 현대 사회에서 소비자들의 반응은 매우 중요하다. 부정적인 이미지가 심어지면 그걸 바꾸기 쉽지 않기 때문이다.

이마트24 역시 마찬가지였다. 이마트24는 MZ 세대를 겨냥한 재치 있는 상품 이름으로 긍정적이고 젊은 이미지를 동시에 각인하려 했다. 하지만 부정적인 이미지가 만들어지는 건 한순간이었다.

이마트24는 신세계 그룹이 운영하는 편의점 브랜드로 시초는 2003년, 최두영이 설립한 소규모 프랜차이즈 편의점 위드미 FS였다. 그러다 이마트 내 자회사로 편입되었고 2017년 7월, 현재 사람들이 알고 있는 이마트24로 브랜드명이 최종 변경되었다.

이마트24의 장점 중 하나는 PB상품[8]을 꾸준히 출시한다는 점이었다. '노브랜드'와 같은 PB는 저렴한 가격에 좋은 상품을 제공하기 때문에 소

8 Private Brand(자체 브랜드)의 줄임말로, 유통업체가 제조업체와 직접 계약을 맺어 자체 개발한 상표를 붙여 파는 상품을 말한다. 유통 구조가 단순해서, 가격대가 저렴한 것이 특징이다.

비자들이 꾸준히 찾고 있었다.

그리고 2022년 8월 6일 이마트24는 PB상품으로 여러 종류의 빵과 샌드를 출시했다. 귀여운 캐릭터와 획기적인 네이밍이 셀링 포인트였다. '이번 주도 버텨라 버텨 버터 소금 쿠키, 연차 반차 녹차 쿠키, 기분이 아주 초코 같네 초코 쿠키' 등 MZ 세대를 저격한 재치 있는 이름으로 이른 시일 내에 입소문을 탔다. 그러나 이중 한 가지 제품이 문제였다.

논란이 된 건 '내 주식처럼 사르르 녹는 바닐라 버터샌드'였다. 제품에는 "있었는데요, 없었습니다."라는 문구와 함께 눈물을 흘리는 캐릭터가 그려져 있었다. 소비자는 이 문구를 보고 불편을 느낄 수밖에 없었는데, 그도 그럴 것이 제품이 출시된 2022년은 본격적인 하락장의 해였다. 2021년 코스피가 고점을 달성한 이후 계속해서 지수가 바닥을 향해 곤두박질치고 있었다. "8만 전자"라고 불리던 삼성 역시 계속해서 주가가 하락할 정도였다. 이 시기에는 '동학 개미'라는 말이 자주 언급될 정도로 많은 사람이 주식을 시작했는데, 주식을 잘 알지 못하는 이들도 투자를 진행하며 큰 손실을 보게 되었다. 주식 투자 손실로 인해 착잡한 마음을 가지고 있던 이들은, 해당 제품의 문구가 소비자를 조롱하는 것처럼 느낄 수밖에 없었다. 포장지에 적힌 상품명과 홍보 문구조차 파란색이었는데, 파란색은 주가 하락을 의미하는 색이어서 더욱 공분을 샀다.

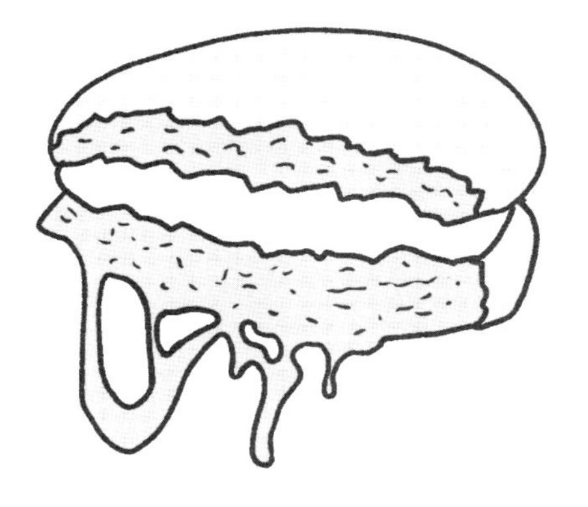

"상품의 특징을 알리기 위한 상품명에 불편함을 느끼시는 고객분들에게

진심으로 사과드립니다. 해당 상품은 즉시 발주 금지 조치 후 패키지 변경 중이며, 향후 상품 네이밍시 고객 입장에서 세심한 주의를 기울이겠습니다."

제품은 출시 하루 만인 7일에 발주가 중단되었다. 이마트24는 소비자들의 나빠진 민심을 잡기 위해 사과문을 공식 발표했다. 그러나 이미 해당 제품군의 인기도는 떨어질 대로 떨어진 뒤였다. 아무리 재치 있는 문구라도 선을 지켜야 소비자들에게 환영 받을 수 있다는 사실을 깨닫게 하는 사건이었다.

# 애플

*Apple Inc.*

## 아이패드 프로 13 (ipad pro 13)

누군가 한입 베어 문 것만 같은 사과 로고. 애플은 언제나 창의적인 제품과 함께 독자적인 감성을 가져가면서 일명 '충성 고객'이 많은 기업이다. 아이팟, 아이폰, 아이패드 등 혁신에 혁신을 더한 창의적인 제품들은 매번 불티나게 팔려 나간다. 또한, 이 훌륭한 제품은 프레젠테이션 능력 덕에 더 빛을 본다. 검은 폴라티에 청바지를 입은 스티브 잡스가 등장하면 모두가 어떤 내용의 프레젠테이션이 진행될지 기대에 차 있다.

스티브 잡스는 혁신적인 제품을 효과적으로 표현하는 데 능통한 CEO였다. 본격적인 스마트폰 시대를 알린 아이폰 발표 때는 사람들이 혹할 내용을 극도로 함축하여 '심플하지만 임팩트 있게' 프레젠테이션을 진행했다. 자사 노트북인 맥북을 발표했을 때는 서류봉투 속에서 노트북을 꺼내며 제품의 얇기를 자랑했다. 덧붙여 제품의 광고에서도 탁월한 배경 선택과 음악, 연출을 통해 소비자들을 사로잡았다

그러다 팀 쿡이 애플의 CEO가 되고 그 이후 선보인 아이패드 프로 13

출시 당시에 문제가 생겼다. 아이패드 프로 13은 시리즈 중 가장 얇은 두께를 장점으로 홍보하기 시작했는데, 광고의 내용 때문에 논란이 생겼다. 아이패드 프로 13의 광고에는 피아노, 트럼펫, 기타, 레코드, 물감, 석고상 등 다양한 예술 도구와 창작물을 프레스기에 넣고 누르는 장면이 담겨 있었다. 물감이 터지고, 첼로 현이 튀어 나가고, 석고상이 부서지는 등, 모든 예술 도구와 창작물들은 형태를 알아볼 수 없게 무참히 망가지고 만다. 하지만 얇은 두께의 아이패드 프로만은 압착되지 않는다. 1분 정도의 광고는 눈 깜짝할 사이에 끝을 맺는다. 애플은 이런 연출을 통해 아이패드 하나만으로 다양한 예술 작업을 할 수 있음을 홍보하려고 했을 테다. 그러나 해당 광고 영상을 본 사람들은 크게 분노했다.

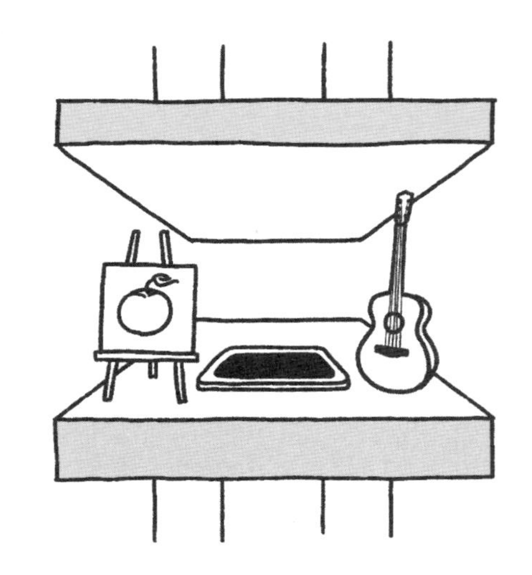

"이런 게 애플 광고라고?", "다른 창작물들에 대한 존중이 없다.", "애플 광고 중 역대 최악이다.", "이 광고를 보고 19년 동안 애플 제품을 산 내가 부끄러워졌다.", "이 세상의 모든 아름다운 것들을 무자비하게 파괴하는 게 애플이 추구하는 일인가."

애플은 해당 광고를 통해 아이패드의 장점을 부각하려 했지만, 다른 예술품과 도구들을 존중하지 않았다는 비판을 받게 되었다. 결국 논란을 피해 가지 못한 애플은 사과문을 발표하며 해당 광고 영상을 철회할 수 밖에 없었다.

"우리의 목표는 언제나 이용자들이 자신을 표현하고 애플 제품을 통해 자신의 아이디어에 생명을 불어넣을 수 있도록 하는 것입니다. 하지만 이번 영상은 저희가 의도한 바를 충분히 나타내지 못했고, 이로 인해 불편함을 느꼈을 분들에게 사과의 말씀을 드립니다."

애플이 인간의 창의성을 비판한다는 지적과 무수히 쏟아지는 비판은 한동안 계속됐다. 광고 발표 후 애플의 2분기 실적은 1분기 대비 370만 달러(한화 약 50억 원) 감소하며 해당 광고가 2분기 실적에 악영향을 끼쳤다는 평가도 나왔다.

# 제너럴 모터스

*General Motors*

## EV1

이제는 우리 삶에 너무나 당연한 존재가 되어 버린 가솔린 자동차. 메르세데스 벤츠의 공동 창립자 카를 벤츠가 최초의 가솔린 자동차를 발명한 이후, 자동차는 빠른 속도로 세계 곳곳에 퍼져 나갔다. 1997년에는 전 세계 자동차 보유 대수가 7억 5천만 대를 향해 가고 있었다. 자동차는 점점 사람들에게 없어서는 안 될 이동 수단이 되었다.

그러나 편리함을 찾을수록 환경 문제는 심각해졌다. 매연으로 인한 대기 오염의 정도가 도를 넘어서자, 환경 오염과 에너지에 대한 인식이 높아졌고 사람들은 새로운 자동차를 찾아 나서기 시작했다. 이에 따라 급부상한 것이 바로 전기차였다. 전기차는 가솔린과 경유를 동력원으로 사용하던 자동차와 달리 전기를 동력원으로 사용하는 자동차였다. 한창 전기차가 뜨거운 화두에 올랐을 이 시기, 미국 캘리포니아는 대기 오염 문제를 해결하기 위해 자동차 제조사에 무공해 차량 생산을 의무화하는 법안을 제정했다. 때문에 여러 업체가 전기차 개발에 뛰어들었다.

그렇게 1996년, 제너럴 모터스는 세계 최초 대량 생산형 전기차인 EV1을 출시했다. 공기 저항을 최소화한 유선형 디자인과 경량 알루미늄 바디가 특징인 EV1은 납축 배터리를 사용해 주행 거리가 최대 80마일 정도였다.

EV1의 출시는 전기차 시대의 서막을 알렸다. 제너럴 모터스는 캘리포니아와 애리조나 일부 지역에서 EV1을 리스 방식으로만 제공하며 구매자를 모집했다. 초기 소비자들은 적은 소음과 부드러운 주행 성능, 독특한 디자인에 만족했다. 전기 모터는 엔진보다 친환경적이었기에 대기 오염을 걱정하는 소비자들의 마음을 움직였다.

하지만 제너럴 모터스는 예상치 못한 문제점을 발견하게 되었다. 그건 바로 배터리 기술의 한계였다. 초기 모델에 사용된 납축 배터리는 주행 거리가 제한적이었을뿐더러 충전 시간이 너무 길었다. 게다가 사용할수록 배터리 효율이 떨어져 주행 거리가 줄어든다는 심각한 문제점이 있었다. 소비자들이 이를 알아차리고 소송을 걸 경우 엄청난 금액의 배상을 해야 했다.

제너럴 모터스는 이후 모델에서 납축 배터리가 아닌 니켈-메탈 하이드라이드 배터리를 사용해 문제를 해결하려 했으나, 여전히 배터리 효율 문제가 거론되었다. 이런 와중에 캘리포니아 정부는 무공해 차량 생산을 의무화하는 법안을 축소했다. 당분간 전기차와 같은 무공해 차량을 생산하지 않아도 문제가 되지 않는 것이다. 제너럴 모터스는 EV1의 판매를 이어갈 이유가 전혀 없었다. 결국 EV1의 단종 소식을 알린 제너럴 모터스는 리스 차량의 회수를 시작했다. 그러나 EV1의 일부 사용자들과 환경 운동가들은 기계적 문제가 발생해도 문제를 제기하지 않겠다고 이야기하며, 차를 가져가지 말라고 시위했다. 하지만 제너럴 모터스는 끝내 박물관 및 교육 시설에 기증하는 것을 제외하고는 모든 차량을 회수해 갔다.

제너럴 모터스의 EV1은 첫 생각과는 달리 빠른 시간 안에 시장에서 모습을 감췄다. EV1은 초기 시장 선점에는 성공했으나, 그를 받쳐 줄 기술적 기반이 부족한 사례였다. 제너럴 모터스는 차량 회수로 인해 막대한 손해를 입어야 했다.

# 펩시

*PEPSI*

### 펩시 A.M (Pepsi AM)

1980년대 후반, 만년 2위 펩시는 늘 코카콜라의 자리를 넘보고 있었다. 고민 끝에 펩시는 탄산음료를 아침 시간대에도 소비할 수 있도록, 아침용 콜라 '펩시 A.M'을 출시하게 된다. 펩시 A.M은 기존 펩시에 비해 카페인 함량이 높아서 커피나 에너지 음료를 대체할 수 있도록 제작되었다. 이미 포화 상태였던 탄산음료 시장에서 아침이라는 새로운 소비 시장을 창출하려는 의도였다. 마케팅을 통해서는 펩시 A.M이 커피의 쓴맛 대신 청량감 있는 콜라의 맛을 즐기며 카페인을 섭취할 수 있다는 점을 어필했다.

첫 출시 이후, 콜라를 좋아하는 사람들 사이에서는 꽤 긍정적인 반응이 있었다. 하지만 지속적인 흥행으로 이어질 수는 없었다.

펩시 A.M의 가장 큰 문제는 기획 의도 그 자체였다. 콜라는 보통 아침이 아닌 어느 정도 몸이 깨어난 오후 시간대에 마시는 음료였다. 잠을 자고 일어난 직후 건조해진 목에 전달되는 짜릿한 탄산은 불편하기만 했고, 모닝커피의 쌉싸름하고 깔끔한 맛과 향긋한 원두 향을 콜라가 이길 수는 없었다.

또한 펩시 A.M에 들어간 카페인 함량은 기존 콜라보다는 높았지만, 기존 커피와 에너지 음료에 비해서는 비해서는 적었다. 그러니 강한 각성 효과를 선호하는 소비자들은 불만족스러울 수밖에 없었다.

펩시 A.M은 결국 소비자들에게 아침이라는 특정 시간대에 맞춘 음료로 자리 잡지 못하고, 다른 제품들과의 차별화에도 실패했다. 끝내 펩시 A.M은 출시된 지 불과 1년 만에 판매가 중단되었다.

아침 콜라라는 새로운 개념을 정립하기에 펩시 A.M은 이렇다 할 차별성을 주지 못했다. 이미 커피뿐만 아닌 에너지 음료가 시장에서 활발하게 판매되고 있었던 때에 펩시 A.M을 구매해야만 할 이유는 존재하지 않았다. 이는 소비자들의 실제 요구와 음료 선택의 심리를 충분히 파악하지 못한 점에서 발생한 실수였다.

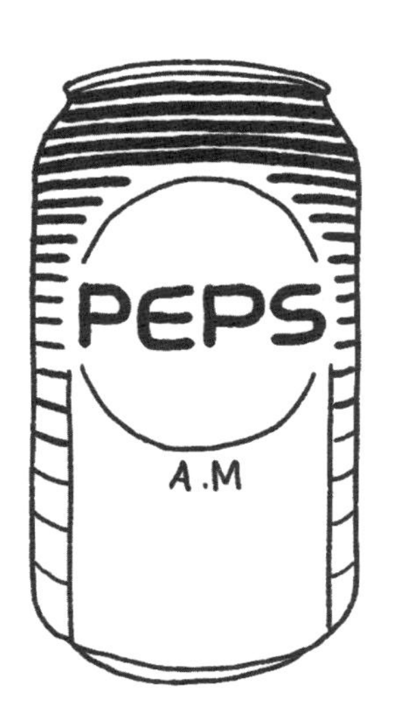


펩시 A.M의 사례는 소비자들이 특정 시간대나 상황에서 어떤 음료를 선택할 때는 생각보다 복합적인 요소들이 작용한다는 점을 깨닫게 해 주었다.

# 니베아

NIVEA

## ‘Invisible for Black & White’ 데오드란트 광고

“흰색은 순수하다(WHITE IS PURITY).”라는 문구를 보면 가장 먼저 무슨 생각이 들까? 2017년, 니베아는 데오드란트 광고를 위한 한 장의 이미지를 게시했다. 사진 속엔 “흰색은 순수하다(WHITE IS PURITY).”라는 말이 적혀 있었다.

이 문구는 대중들 사이에서 큰 논란거리가 되었다. 자칫 백인 우월주의를 떠올리게 만드는 게 문제였는데, 극우 성향 단체의 지지로 인해 논란은 더 가중되었다. 사람들은 니베아의 광고 문구를 명확한 인종 차별이라고 생각했다. “하얀색은 순수한 것이고 검은 것은 순수하지 않은 것이냐.”, “지극히 백인 우월주의 입장의 문구.”라며 비판했다.

게다가 니베아의 인종 차별 논란은 이번이 처음이 아니었다. 2011년 니베아는 한 흑인 남성이 흑인의 상징적인 곱슬머리인 ‘아프로헤어’를 한 마네킹 머리를 집어던지려는 듯한 광고 사진을 공개했다. 그리고 해당 광고 사진 밑에 “RE-CIVILIZE YOURSELF.”라는 문구를 배치했다.

"Civilize"는 해석에 따라 "다시 세련돼지십시오." 혹은 "다시 문명인이 되십시오."로 해석될 수 있었다. 여기서 후자의 의미로 해석될 경우 흑인을 야만인에 빗대는 심각한 인종 차별적 문구가 되어 버린다. 이를 확인한 사람들은 니베아의 광고를 비판했고, 해당 광고는 빠른 시간 안에 삭제되었다.

2011년 당시 니베아는 해당 사건에 유감을 표하고, 승인 절차를 검토하겠다고 약속했지만, 또다시 인종 차별 논란에 휩싸인 것이다. 니베아 측에서는 '흰색은 순수, 검은색은 강함'이라는 의미를 연결하려 했다며 해명했지만, 이미 대중들의 민심은 나빠질 대로 나빠진 상태였다. 더군다나 과거 논란을 일으켰던 기업이기에 해명은 쉽게 통하지 않았다.

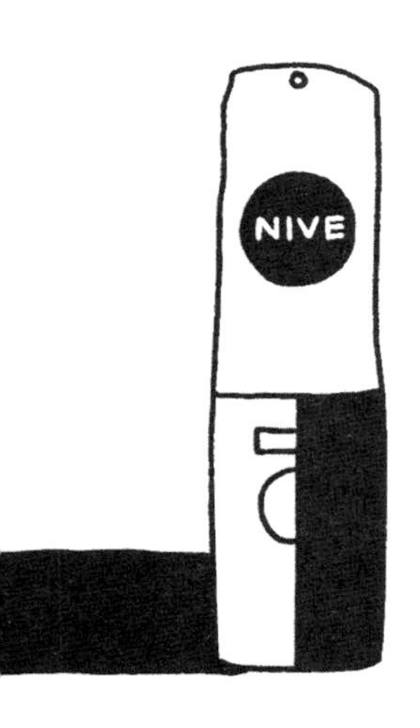


"다양성과 관용, 균등한 기회는 니베아가 추구하는 중요한 가치입니다. 우리는 다름을 소중히 여기며 직접적 혹은 간접적인 차별은 모두 배제되어야 한다고 생각합니다. 이는 성별, 나이, 인종, 피부색, 종교, 이데올로기 혹은 장애 모두 해당합니다, 문화나 국적, 정치적·철학적 신념도 마찬가지입니다. 이 특정 게시물에 불쾌감을 느끼신 모든 분께 진심으로 사과드립니다. 게시물에 오해의 소지가 있다는 것을 깨달았고 즉시 철회했습니다."

결국 니베아는 이틀 만에 해당 게시물을 삭제하고 사과문을 발표했다. 하지만 두 번의 인종 차별 논란으로 인해 인종 차별을 주도하는 기업이라는 부정적인 이미지가 생긴 뒤였다. 해당 사례는 제품 마케팅에서 인종 차별로 여겨질 수 있는 민감한 사항을 제대로 고려하지 않아 발생할 수 있는 문제를 잘 보여 주고 있다.

# 월마트

*Walmart*

## 한국 시장 진출

월마트는 전 세계에서 가장 큰 유통 업체로, 저렴한 가격과 대량 유통을 통해 미국을 비롯한 여러 국가에서 사업을 확장해 왔다. '저렴한 가격과 대량 판매'라는 월마트의 비즈니스 모델은 미국에서 매우 성공적이었으며, 1990년대와 2000년대 초반에 걸쳐 다양한 국가로 진출하는 글로벌 확장 전략을 펼쳤다. 월마트는 이러한 성공을 바탕으로 1998년 한국 시장에 진출했다.

당시 한국은 경제가 급성장하던 때였고, 아직 대형 할인 마트라는 개념이 생소했다. 이마트는 매장 수가 많지 않았고, 롯데마트는 첫 매장을 낸 시점이었으며, 홈플러스는 개설 이전이었다. 월마트는 대형 할인 마트 개념이 퍼지기 이전 한국에 자리 잡는 게 목표였다.

한국 시장에 진입한 월마트는 미국과 마찬가지로 대형 매장을 중심으로 한 저가 전략을 내세웠다. 대구에 첫 매장을 오픈한 이후 서울과 전국 주요 도시에 걸쳐 매장을 확장하기 시작했다. 월마트는 한국 시장에서

'저렴한 가격에 높은 품질'이라는 슬로건을 내세웠다.

그러나 한국 소비자들은 크게 반응하지 않았다. 현재는 코스트코, 이마트 트레이더스와 같이 한국에서도 쉽게 창고형 매장을 찾아볼 수 있지만, 1998년에는 창고형 매장이라는 개념 자체가 존재하지 않아서 생소하게 느껴졌다는 게 첫 번째 문제였다.

월마트의 전략은 미국 내에서 효과적이었지만, 한국 시장과는 잘 맞지 않았다. 월마트는 한국 소비자들의 소비 패턴과 문화를 충분히 이해하지 못한 채 미국식 대형 할인점 모델을 그대로 도입했다. 예를 들어, 한국 소비자들은 대형마트에서 저렴한 제품을 찾는 것뿐만 아니라, 현지의 신선한 농산물과 고품질의 서비스를 중시하는 경향이 있었다. 하지만 월마트는 현지 농산물보다는 대량 구매한 수입 상품에 중점을 뒀고, 매장 내 서비스도 다른 경쟁사에 비해 부족했다.

월마트의 매장 위치 역시 문제 중 하나였다. 한국의 다른 대형마트인 이마트나 롯데마트는 접근성이 좋고, 도심 지역에 밀착된 매장을 열어 소비자들이 쉽게 방문할 수 있었다. 반면 월마트는 주로 교외나 외곽 지역에 대형 매장을 열었는데, 이는 대중교통 의존도가 높은 한국 소비자들에게 불편함을 주었다.

2006년, 끝내 월마트는 한국에서 철수하기로 했고, 16개 매장을 이마트를 운영하는 신세계에 매각했다. 월마트 한국 철수 이후 이마트와 홈플러스는 한국 내에서 더 큰 성장을 이루었다. 월마트의 실패는 이후 글로벌 기업들에게 한국 시장에 진출할 때 현지화 전략의 중요성을 강조하는 교훈으로 남았다.

# 아마존

*amazon*

## 파이어폰 (Fire Phone)

아마존이 스마트폰 사업에 발을 내디뎠다. 2014년, 아마존을 세계적인 기업으로 성장시킨 창립자 제프 베이조스는 한껏 자신감에 찬 목소리로 파이어폰을 발표했다.

파이어폰은 당시로는 고사양 칩이었던 스냅드래곤 800과 2GB 램, 1,300만 화소의 카메라를 탑재했다. 또한 카메라로 촬영한 상품을 순간적으로 판단하여 아마존 사이트로 이동해 구매할 수 있게 하는 기능을 구현했다. 그뿐만 아니라, 모션 추적 카메라 4대를 이용해 얼굴 위치를 판단하여 3D 입체 효과를 제공하는 등 파이어폰은 타제품과 확실한 차별성을 갖고 있었다.

하지만 장점보다는 단점이 많았다. 그중 하나는 호환되지 않는 독자적인 OS였다. 아마존은 안드로이드 OS를 기반으로 한 Fire OS를 채택했다. 그래서 아마존 스마트폰과 태블릿에 맞춤 제작된 독점 앱 스토어를 사용해야 했는데, 사용할 수 있는 앱이 20만 개에 불과했다. 구글 플레이 속 앱들이 약 100만 개인 것에 비해 너무 적은 수였다.

또한, 2014년은 갤럭시 S5 시리즈와 아이폰 6S가 출시되던 때였다. 다른 기업들은 이미 몇 년 전부터 스마트폰 시장에 진출해 있었고 많은 팬층을 보유하고 있었다. 새로운 기업이 기존 기업을 뚫고 자리를 잡기란 쉬운 일이 아니었다.

가격대도 높은 편이었다. 아마존은 가성비 제품으로 승부하는 기업이었기에 파이어폰 역시 저렴한 가격의 출시를 예상했다. 그러나 실제 출시된 가격은 32GB 제품 기준 449달러(한화 약 60만 원)였다. 이는 아이폰 6S의 가격과 큰 차이가 없었다.

애초에 파이어폰은 고성능 기기로 출시될 예정이 아니었다. 개발자들은 기존 아마존 상품과 같이 가성비 핸드폰을 구상했다. 하지만 제프 베이조스는 아니었다. 800만 화소였던 카메라를 1,300만 화소의 카메라로 바꾸길 원했고, 3D 입체 화면 실현과 같이 독창적이고 특별한 기능을 원했다. 해당 기술 구현을 위해서는 연구 인력도 추가로 필요했고, 개발 기간도 늘어날 수밖에 없었지만 개발자 누구도 제프 베이조스의 요구를 거절할 수 없었다.

이는 과거 있었던 일 때문이었다. 제프 베이조스가 무료 배송 방침을 세웠을 때, 주주들의 맹렬한 반대를 받은 적이 있었다. 그러나 일관성 있게 밀어붙인 결과 아마존닷컴의 매출을 확대했고 끝내 엄청난 성공을 이루었다. 해당 신화를 알고 있던 개발자들은 그의 말을 거절하기가 어려웠다. 이로 인해 파이어폰은 첫 계획과 달리 고성능 스마트폰으로 출시

되었고 높은 가격이 책정되었던 것이다.

결국 파이어폰은 실패로 돌아가고 말았다. 독창성과 성능은 인정받았지만 경쟁력이 없으니 당연한 수순이었다. 아마존은 해당 제품 출시 이후 1억 7,000만 달러(한화 약 2,000억 원)라는 크나큰 손실을 입게 되었다. CEO 제프 베이조스 역시 실패를 인정하며 더 나은 방향으로의 사업을 약속했다. 아마존의 파이어폰은 제품 개발에는 차별점만큼이나, 경쟁력이 중요하다는 것을 보여 주는 사례였다.

# 33 현대자동차

*HYUNDAI MOTOR COMPANY*

## 아슬란 (Aslan)

현대자동차는 새로운 플래그십 자동차를 출시해 라인업을 늘리기로 했다. 제네시스의 성능은 그대로 갖추면서 가격은 저렴한 고급 세단을 떠올린 결과물이 바로 '아슬란'이었다. '아슬란'은 터키어로 사자를 의미했는데, 품격 있는 외관, 안정적인 승차감과 최상의 정숙성을 사자의 특성에 투영한 이름이었다.

아슬란은 당시 인기가 많았던 수입 차량 벤츠 E클래스와 BMW5시리즈, 아우디 A6의 대항마였다. 고급 세단을 희망하는 고객들의 선택 폭을 넓히는 동시에 외국 경쟁사의 소비자들을 뺏어 오겠다는 의지였다. 또한, 아슬란은 그랜저와 차별점을 만들어 내기 위해 다양한 편의 옵션과 안전 사양들을 추가했고, 기존 그랜저에서 사라진 3.3 람다 2 엔진을 탑재했다. 그랜저 HG와 전륜구동 플랫폼을 공유한다는 한계점을 뛰어넘기 위해서였다.

그러나 아슬란은 기대에 못 미치는 성적을 이어갔다. 출시 초기 법인 차량으로 출고된 대다수의 차량을 제외하고는 일반 소비자들에게 거의 선택받지 못했다.

결국, 그랜저와 같은 플랫폼을 사용하는 차량의 한계였다. 내외관 모두 조금씩 그랜저의 향기가 묻어났고, 사람들은 그랜저와 제네시스 사이에 있는 아슬란을 구매할 바에야, 금액을 좀 더 지불하고 제네시스 DH를 사는 게 낫다고 생각했다. 마음이 급해진 현대자동차는 람다2 개선 엔진을 탑재하고 8단 자동 변속기를 적용해 연비를 개선했지만 소용없었다.

현대자동차가 바란 것은 제네시스보다 저렴하면서 제네시스의 성능을 누릴 수 있는 차량이라는 인식이었다. 실제로 아슬란의 내부 디자인은 그랜저 HG의 형상을 띠었지만, 제네시스 DH와 비슷한 핸들과 센터패시아, 센터 콘솔, 변속 기어 등을 차용했다. 하지만 소비자들은 그저 가격이 더 비싼 그랜저로 볼 뿐이었다.

아슬란의 판매량은 시간이 지날수록 빠르게 감소했다. 첫 해 판매량은 월평균 1,000여 대였지만, 2017년에 들어서는 40대로 추락해 버렸다. 결국 아슬란은 판매 부진으로 인해 출시 3년 만에 단종되었다.

새로운 섀시를 활용한 차량이 아닌 그랜저 섀시를 활용한 부분, 부족한 차별화, 애매한 포지션 등 아슬란은 현대자동차의 가장 큰 실수이자 실패로 남게 되었다.

# 34 싼루 그룹

三鹿集团

## 멜라민 파동

2000년대 후반, 전 세계를 충격에 빠뜨린 사건이 발생했다. 이름하여 '멜라민 파동'이었다.

경제 발전과 함께 생활 수준이 높아지면서 우유와 분유 같은 유제품에 대한 수요가 증가했고, 중국 유제품 산업은 급성장을 이루었다. 싼루 그룹은 이러한 성장의 중심에 있던 기업이었다, 특히 싼루 그룹은 고품질 유제품을 제공한다는 이미지로 부모들 사이에서 신뢰를 받고 있는 기업이었으나, 멜라민 파동이 일어난 후 모든 신뢰를 잃고 말았다.

사건 초기에 싼루 그룹의 분유를 먹은 딸의 건강이 악화하여 의문을 가지고 있던 한 남성의 제보가 있었으나, 싼루 그룹은 이를 은폐했다. 하지만 유아 신부전 환자가 급증하기 시작하고, 이들이 특정 분유를 먹었음을 알리는 기사가 보도되면서 이 일이 세상에 알려지게 되었다.

멜라민은 질소를 함유한 산업용 화학 물질인데, 싼루 그룹이 질소 함량 기준을 통과하기 위해서 분유에 멜라민을 섞어 판매한 것이다. 멜라민 분유로 인해 중국 전역에서 수십만 명의 아이들이 신장결석과 같은 심각한 건강 문제를 겪었고, 8명의 영아가 사망했다. 다른 누구도 아닌, 아이를 대상으로 벌어진 비윤리적인 사건에 전 세계는 충격에 빠졌다.

사건 폭로 직후, 싼루 그룹은 즉시 제품을 회수했지만 이미 대중의 불신은 깊어져 있었다. 중국 정부는 사건의 심각성을 인지하고 대대적인 조사를 시행했다. 조사 결과, 싼루 그룹뿐 아니라 다른 유제품 기업들도 멜라민을 불법적으로 첨가해 왔다는 사실이 밝혀졌다.

멜라민 파동은 단순히 유아용 분유 시장의 문제가 아니었다. 이 사건은 중국 전역의 유제품 소비에 대한 신뢰를 무너뜨렸다. 싼루 그룹은 이 사건으로 인해 막대한 재정적 손실을 보았으며, 브랜드 이미지에도 큰 손상을 입었다. 중국 내에서는 불매 운동이 일어났고, 해외에서도 중국산 유제품에 대한 수입 규제가 강화되는 등 파장이 확산되었다.

사건 이후, 싼루 그룹은 신뢰 회복을 위해 품질 관리 시스템을 강화하고 공정의 투명성을 확보하기 위해 다양한 개선 노력을 기울였다. 또한 정부는 멜라민 파동 재발 방지를 위해 엄격한 규제와 감독을 시행했다. 그러나 이 사건의 여파로 외국산 유제품에 대한 수요가 급격히 증가했고, 중국산 유제품은 수요가 감소했다. 심지어 이후에도 멜라민 파동과 유사한 사건이 종종 발생하며 중국산 유제품에 대한 불신은 커지기만 했다.

멜라민 파동은 기업이 윤리적 책임을 지지 않고 기업의 이익만을 위해 품질 관리를 등한시할 경우, 사람의 목숨까지도 앗아갈 수 있음을 보여 주는 사례이다.

# LG전자

*LG Electronics*

## 3D TV

타이타닉 감독 제임스 카메론의 영화 아바타가 3D 열풍을 불러왔다. 이 영화는 전 세계 흥행 수익 10억 달러(1조 3,500억 원)를 넘겼으며, 대한민국 내에서는 외국 영화 최초로 천만 관객을 넘기는 기염을 토했다.

사람들은 이제 극장에서뿐 아니라 언제 어디서든 3D 영상을 즐기고 싶어 했다. 수익성이 있다고 판단한 여러 방송사와 기업이 3D 시장에 뛰어들기 시작했다. 미국 ESPN과 디스커버리 채널은 3D TV 서비스를 제공했고, 아바타 흥행 다음 해인 2010년, 방송사들은 너도나도 3D 월드컵 방송을 내세우며 기술 활용과 유치에 적극적인 모습을 보였다. 이러한 시장 흐름을 본 LG전자는 빠른 속도로 3D TV 개발에 돌입했다.

그리고 2010년, LG전자는 세계 최초 풀 LED 3D TV를 출시했다. 화면 전체에 LED 소자를 가득 채운 풀 LED 기술과 함께, 잔상을 없앤 트루모션 480Hz 기술도 처음으로 적용됐다. 덕분에 빠르게 전환하는 3D 화면에서도 풍부한 입체감을 표현하고 어지러움을 최소화할 수 있었다.

출시 초기만 하더라도 3D TV의 인기는 식을 줄 몰랐다. TV 교체를 하려는 소비자들이 1순위로 원하는 건 3D TV였다. 특히 TV 제조업체 중 삼성과 양강 구도를 그리던 LG는 빠른 개발로 제품을 발표하며 고객층을 끌어당겼다. 하지만 LG전자의 바람과 달리 인기는 오래가지 못했다.

가장 큰 이유는 기술적 한계였다. 3D 기술은 아직 불완전했다. 사람들은 점점 특수 안경에 대해 거부감을 느꼈다. TV를 볼 때만큼은 편안한 휴식을 즐기고 싶지, 불편한 장비를 착용하고 싶어 하지 않았다. 높은 가격 또한 문제였다. 2010년 기준 LG전자가 출시한 3D TV 가격은 46인치 기준 302만 원, 55인치 기준 384만 원이었다. 당시 물가를 고려했을 때 굉장히 고가였다.

방송사들 역시 제작에 많은 비용이 투입되어야 하는 3D 프로그램에 회의적으로 변했다. 심지어 사람들의 관심도 식어가고 있었으니, 3D 프로그램을 제작해야 할 명분을 잃어버렸다. 또한, 소비자들 중 소수만 가지고 있는 3D TV를 위해 방송을 제작하는 것은 곧 적자로 이어졌다. 시간이 지날수록 3D 방송 시청률과 3D TV 판매량은 계속해서 하락했다.

결국 LG전자는 2017년 3D TV 생산 중단을 발표하며 7년간의 역사를 마무리 지었다.

해당 사례는 과열된 시장 속에서 기업이 간과할 수 있는 부분을 잘 보여 주고 있다. 최초 출시를 위해 기술의 한계에도 성급하게 제품을 내놓을 경우, 그 영광은 짧을 수밖에 없다.

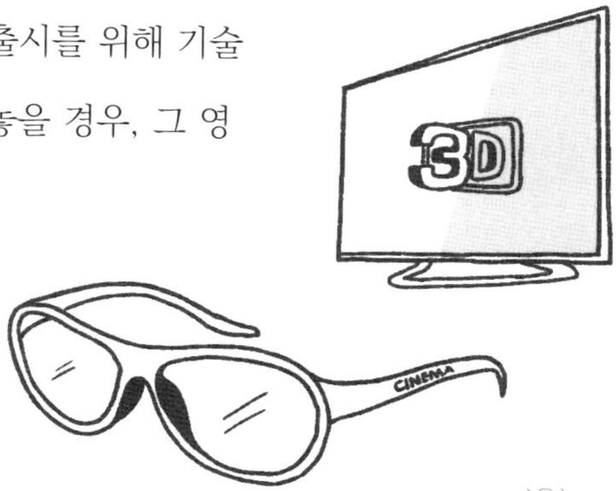

# 버거킹

BURGER KING

## 새티스프라이 (satisfries)

2010년대에 들어 패스트푸드 업계에는 비상이 걸렸다. 소비자들이 건강에 좋지 않은 패스트푸드 대신, 더 건강하고 영양가 있는 음식을 찾기 시작했기 때문이었다.

맥도날드, 웬디스 등 주요 패스트푸드 체인들은 건강한 메뉴를 추가하거나 기존 메뉴의 영양 성분을 개선하기 위해 노력했다. 버거킹도 이러한 흐름을 따라 신제품 개발에 착수하게 되었다.

버거킹은 감자튀김이 패스트푸드의 상징적인 메뉴라는 점에 주목하여 기존의 고열량 감자튀김을 대체할 수 있는 더 건강한 제품을 만들기로 결정했다. 그 결과 2013년 버거킹은 기존 감자튀김에서 지방과 열량을 줄인 '새티스프라이'를 출시하게 되었다.

새티스프라이는 특별한 반죽과 조리법을 사용하여 기존의 감자튀김보다 지방은 40% 적고, 칼로리는 30% 적으면서도 바삭한 식감은 살리도록 했다.

새티스프라이는 '건강한 감자튀김'이라는 메시지로 마케팅을 시작했다. 맛과 건강을 동시에 잡을 수 있으며, "좋은 것을 포기하지 않아도 된다."는 슬로건을 내세웠다.

출시 직후에는 반응이 나쁘지 않았으나, 시간이 지나면서 새티스프라이의 인기는 시들어갔다. 새티스프라이는 감자튀김보다 맛은 덜하면서 가격은 더 높았다. 감자튀김을 찾는 소비자들은 대부분 건강보다는 맛과 만족감을 중요하게 생각했기에, 굳이 새티스프라이를 먹을 이유가 없었다. 게다가 칼로리와 지방 함량이 줄어들었다고는 하지만 기름에 튀긴 음식이라는 감자튀김의 본질적인 특성상 건강한 음식으로 여기기엔 한계가 있었다. 건강을 고려한 선택지라면 차라리 샐러드나 구운 감자와 같은 대안을 찾지, 기름에 튀긴 음식을 찾을 소비자는 없었다.

결국 버거킹은 출시 1년 만인 2014년에 대부분의 매장에서 새티스프라이를 철수하기로 했다. 새티스프라이의 실패는 패스트푸드 소비자들의 심리를 제대로 파악하지 못했기 때문에 일어난 사례이다.

# 뉴욕 타임스

*The New York Times Company*

## 타임셀렉트 (TimesSelect)

인터넷의 급속한 확산은 기존 미디어 산업에 큰 변화를 불러왔다. 신문사들은 무료로 제공되는 온라인 뉴스와 블로그, 새로운 디지털 미디어 플랫폼의 등장으로 인해 독자와 광고 수익을 잃기 시작했다. 전통 신문사들은 이러한 변화에 맞설 수 있는 새로운 수익 모델이 절실해졌다.

〈뉴욕 타임스〉는 미국을 대표하는 전통적인 언론사로서, 이러한 변화 속에서 디지털 전략을 고민하기 시작했다. 그 결과 온라인 콘텐츠 유료화, 즉 '페이월' 전략을 도입하게 된다.

2005년, 〈뉴욕 타임스〉는 '타임셀렉트'라는 이름으로 디지털 콘텐츠 유료화 서비스를 시작했다. 타임셀렉트는 〈뉴욕 타임스〉 웹사이트의 일부 프리미엄 콘텐츠, 특히 인기 칼럼니스트의 칼럼, 오피니언 기사, 아카이브 기사들을 유료로 제공하는 서비스였다. 타임셀렉트의 구독료는 연간 49.95달러로 책정되었으며, 기존 종이 신문 구독자들에게는 무료로 제공되었다.

〈뉴욕 타임스〉는 타임셀렉트를 도입한 이후 콘텐츠의 가치에 대해 인정받고, 더 많은 디지털 독자를 끌어당기며 새로운 수익원을 창출할 수 있을 것이라 생각했다.

하지만 〈뉴욕 타임스〉의 기대와 달리 타임셀렉트는 흥행을 이끌지 못했다. 더 많은 독자를 유입할 것이라고 생각했던 유료화가 오히려 독자들의 접근을 차단하는 결과를 낳고 말았기 때문이다. 이미 인터넷에서는 수많은 무료 뉴스 콘텐츠가 제공되고 있었고, 독자들은 뉴스를 보기 위해 돈을 지불할 필요성을 느끼지 못했다.

게다가 유료화를 하면서 〈뉴욕 타임스〉는 디지털 접근성도, 새로운 독자층도 모두 잃어버렸다. 온라인 뉴스의 주요 장점 중 하나는 정보의 자유로운 공유와 확산이었는데 유료화는 이러한 흐름에 역행하는 방법이었다. 특히 다른 무료 기사들은 소셜 미디어와 블로그 등에 공유되었는데, 〈뉴욕 타임스〉의 유료화 기사들은 노출 기회를 잃어버리게 된 셈이었다.

결과적으로 타임셀렉트 출시 이후 〈뉴욕 타임스〉의 트랙픽은 감소했고 광고 수익에도 부정적인 영향을 미쳤다. 타임셀렉트는 22만 명의 유료 구독자를 확보했으나, 이 수치는 〈뉴욕 타임스〉 전체 디지털 독자층에 비하면 매우 적은 수준이었다. 유료 구독 모델은 광고 수익을 보완하기에 충분하지 않았고, 이는 〈뉴욕 타임스〉가 목표로 했던 수익 증대에도 미치지 못했다.

결국 〈뉴욕 타임스〉는 타임셀렉트를 시작한 지 2년 만인 2007년에 유료화 모델을 철회하기로 했다. 타임셀렉트는 오히려 〈뉴욕 타임스〉의 디지털 영향력과 접근성을 제한하는 결과를 낳았다. 〈뉴욕 타임스〉는 유료화 서비스 시행 이후 독자들이 요구하는 것은 무료로 접근할 수 있는 방대한 정보와 빠르고 자유로운 콘텐츠 소비라는 점을 깨닫게 되었다.

이후 〈뉴욕 타임스〉는 피드백을 적용해 2011년에는 페이월을 재도입했다. 이번에는 부분 무료화와 다양한 구독 옵션을 통해 더 나은 성과를 거둘 수 있었다.

# 38 닌텐도

*Nintendo Co., Ltd.*

## Wii U

2005년 최초 공개된 닌텐도 Wii는 전 세계 판매량 1억 163만 대라는 경이로운 기록을 세웠다. 닌텐도 Wii의 모션 인식 컨트롤은 모든 게임을 역동적으로 바꾸어 놓았다. 테니스와 골프 같은 스포츠 게임부터 젤다의 전설과 같은 RPG 게임까지 활용 범위는 무궁무진했다. 리모컨과 같은 Wii 위모트를 손에 쥐고 움직이면 게임 속 캐릭터가 그것을 인식해 모션을 취했다.

원래 게임에 관심이 없던 사람들도 닌텐도 Wii에는 흥미를 가졌다. 가만히 앉아 조작하니 따분하게 느껴질 수 있는 기존 콘솔 게임들과 달리, 닌텐도 Wii는 스포츠처럼 직접 몸을 움직이며 플레이하는 재미를 주기 때문이었다. Wii의 성공으로 닌텐도의 시가 총액은 10조 엔(한화 약 100조 원)을 돌파하기도 했다. 이는 디즈니마저 앞지르는 어마어마한 수치였다.

Wii의 대성공으로 인해 소비자들은 후속작에 큰 기대를 하고 있었다.

그리고 드디어 2012년 Wii U가 발표되었다. 닌텐도가 가진 캐주얼한 디자인, 전작에 없던 HD 해상도 지원 등 자신만의 색깔과 새로움을 동시에 가진 제품이었다.

Wii를 플레이했던 이들의 충성심과 기대감 때문이었을까, Wii U의 출시 초기 반응은 상당히 좋은 편이었다. 석 달 만에 300만 대가량을 판매하며 기대감을 높였고, 전작보다 다양해진 게임 라인업이 호응을 이끌어냈다.

그러나 출시 두 달 후에는 주 단위 판매량이 1만 대 이하로 떨어졌다. 저조한 판매량은 회복될 기미가 보이지 않았고, 여러 노력에도 성적은 달라지지 않았다.

Wii U의 첫 번째 실패 요인은 터치스크린을 제대로 활용하지 못한 점이었다. 인식이라는 시도가 큰 성공을 거둔 이후, 닌텐도는 대형 터치스크린을 탑재한 체감형 컨트롤을 도입했다. 하지만 터치스크린을 탑재한 컨트롤러는 너무 크고 무거웠으며 스크린으로 인한 배터리 문제도 발목을 잡았다.

두 번째는 타사 게임 콘솔 대비 낮은 성능이었다. Wii U는 8세대 콘솔이었지만 7세대 콘솔이었던 타사 제품 엑스박스 360과 플레이스테이션 3와 비슷한 성능을 보였다. 게이머들은 성능이 비슷한 플레이스테이션과 엑스박스를 놔두고 Wii U를 살 필요성을 느끼지 못했다. 게임 개발사도 마찬가지였다. 게이머들에게 환호받지 못한 Wii U에 게임을 이식할 필요가 없었다. 이로 인해 Wii U의 게임 수는 출시 이후 큰 변동을 보이지 못했다. 결국 Will U는 단종 전까지 1,350만 대를 판매하며 저조한 성적으로 모습을 감추었다.

닌텐도는 연속된 제품 흥행을 위해서는 더 새로운 기능과 사용성을 갖춰야 한다는 것을 깨달았다. 닌텐도는 이후 Wii U에서 착안한 디스플레이 컨트롤러의 실패 원인과 실수를 분석하고 이를 개선해 닌텐도 스위치 개발에 착수하게 되었다.

# 후버

*Hoover*

## 왕복 항공권 이벤트

물건을 사면 왕복 항공권을 무료로 주겠다는 이벤트가 있다면 어떨까. 1992년 실제로 미국의 진공청소기 제조업체 후버(Hoover)가 이 프로모션을 진행한 적이 있다. 경쟁 업체에 의한 매출 감소로 조급한 마음에 파격적인 마케팅을 시행한 것이다.

후버는 자신들의 제품을 100파운드 이상 구매한 고객에게 미국 왕복 항공권을 제공하겠다는 조건을 내걸었다. 추첨 방식이 아니라, 조건을 충족한 고객 모두에게 항공권을 주는 내용이었다. 후버는 대규모 광고 캠페인까지 벌였고, 실제로 판매량이 급증하여 재고가 소진되고 엄청난 매출을 올리게 된다. 처음에는 성공적인 마케팅으로 보였으나, 예상보다 많은 사람들이 모여들면서 점차 위기가 시작됐다.

사실 후버에게는 다른 꿍꿍이가 있었다. 애초에 재정이 어려운 상태에서 판매량 증진을 위해 진행된 이벤트이기에, 처음부터 큰 금액을 쓸 생각이 없었던 것이다.

후버가 생각한 방법은 절차를 복잡하게 하는 것이었다. 프로모션 신청 과정과 왕복 항공권을 받는 절차를 최대한 까다롭고 복잡하게 만들어서, 사람들이 항공권을 신청하지 않는 방향으로 유도하려고 했다. 절차는 다음과 같았다.

1. 고객이 특정 백화점에서 후버 가전제품을 100파운드 이상 구매한 경우, 구매일로부터 반드시 14일 이내에 영수증과 신청서를 우편으로 보내야 한다.

2. 신청서를 받은 후버는 고객에게 등록 양식을 발송한다. 고객은 다시 14일 이내에 이 양식을 제출해야만 한다.

3. 양식 제출 이후 후버는 고객에게 여행 바우처를 발송한다. 고객은 30일 이내에 출발 공항, 날짜 및 목적지를 조합해 제출해야 한다.

4. 후버는 고객이 선택한 조합을 거부할 권리가 있다. 후버가 고객이 선택한 조합을 거부할 경우 고객은 세 가지 대안을 추가로 작성하여 제출한다.

5. 후버는 세 가지 대안 역시 거부할 권리가 있다. 세 가지 대안까지 거부당할 경우 후버가 선택한 조합으로 고객에게 제공한다. 고객은 이를 받아들여야만 한다.

후버는 위와 같은 조건과 절차를 내세웠다. 즉, 고객이 받게 될 항공편은 자신이 원치 않는 날짜와 장소가 선점될 확률이 높았고 그 과정마저 까다롭게 설정한 것이다. 이 프로모션을 통해 회사가 예측한 신청 건수는 대략 50,000건이었다. 그러나 실제로 들어온 신청 건수는 약

300,000건에 달했다.

이벤트 시작 이후 항공권 신청 수가 기하급수적으로 늘어났다. 얼마 뒤 후버는 수천 명이 넘는 고객이 양식을 올바르게 작성하지 않아 항공편을 제공할 수 없다는 답변을 내놓았다. 또 다른 고객에게는 고객의 집에서 수백 마일 떨어진 공항에서 출발해야만 한다고 답장하였고, 모든 규칙을 따른 고객들에게는 편지를 분실했다거나, 작은 글씨로 적힌 임의의 마감일을 알아차리지 못했다는 등 어이없는 변명을 늘어놓았다. 그렇게 소비자 대다수가 항공권을 받지 못하거나 예약이 지연되었다. 고객들은 분노에 휩싸였고 언론은 이 일을 크게 다뤘다. 법적 분쟁으로까지 이어졌으며, 수많은 고객이 후버를 상대로 소송을 제기했다. 후버는 나중에는 피해보상으로 인한 막대한 재정적 손실과 브랜드 이미지 하락을 겪고, 미국 본사에 소유권을 매각하는 등 구조 조정에 들어가야 했다.

후버의 무료 항공권 프로모션은 역사에 남은 대표적인 마케팅 실수 사례이다. 소비자를 얕잡아보고 뒷일을 생각하지 않은 안일한 마케팅은 결국 기업에 엄청난 손실을 주었다.

# 스타벅스

*Starbucks*

## 티바나 (TEAVANA)

전 세계를 사로잡은 미국 커피 체인점 스타벅스는 커피 외에 다른 사업을 생각하고 있었다. 2012년, 스타벅스는 프리미엄 차 브랜드인 '티바나'를 약 6억 2천만 달러(한화 약 8,000억 원)에 인수했다. 티바나는 미국과 캐나다 전역에 걸쳐 약 300개 매장을 운영하며 고급 차 제품을 제공하고 있었고, 스타벅스는 티바나를 통해 커피에 이어 차 시장까지 선도하는 브랜드가 되고자 했다.

"커피는 그냥 쓴맛이라는 편견을 스타벅스가 무너뜨렸던 것처럼, 티바나를 통해 차 시장을 변화시킬 기반을 마련했다."

티바나 인수 후 스타벅스는 매장 확장에 박차를 가했다. 스타벅스는 티바나의 고급 차를 커피 매장에서도 판매함과 동시에 차 전문 매장을 늘려 나가며 접근성을 높이려고 했다.

하지만 티바나 매장들은 기대했던 만큼 성과를 거두지 못했고 매출 성장 역시 미미했다. 차 문화는 커피 문화처럼 이미 안정적으로 자리 잡힌 문화가 아니었다. 그런 와중에 티바나의 고급 차 제품의 가격대는 부담스럽기까지 했다. 대중화되지 않은 차 시장에 소비자들을 유혹하기 위해서는 티바나 매장만의 장점과 차별성이 있어야 했지만 그런 점 또한 내세우지 못했다.

결국, 차 문화의 대중화를 이루지 못한 스타벅스는 계속되는 적자를 감당하지 못하고 2017년 티바나 매장 379곳 모두를 폐쇄하기로 하며 사업 확장 전략을 철회했다. 이는 스타벅스가 티바나 인수 후 5년 만에 내린 결정이었다.

이후 스타벅스는 티바나를 독립 매장이 아닌, 스타벅스 제품 라인업 중 하나로 만들었다. 기존 티바나 매장에서 판매하던 차 메뉴를 스타벅스로 이전했고, 티바나 인수를 통해 얻은 차 노하우를 스타벅스 매장에 적용시키며 자몽 허니 블랙티와 같은 인기 메뉴를 출시했다. 티바나 브랜드를 완전히 포기하지 않으면서도 스타벅스 매장 메뉴의 다양성을 넓힌 것이다.

이 사례는 시장의 특성과 소비자 취향을 깊이 이해하고 반영하지 않으면 기대한 성과를 얻기 어렵다는 점을 보여 주었다.

# 코카콜라

*Coca-Cola*

## 코카콜라 C2 (Coca-Cola C2)

건강과 웰빙 붐이 절정에 이르고 이에 대한 관심이 높아지던 2000년대 초반이었다. 늘어 가는 비만 인구에 따라 사람들은 저칼로리, 저탄수화물 식품을 갈망하기 시작했다. 이러한 트렌드는 식음료 산업 전반에 큰 영향을 미쳤으며 콜라 시장도 예외가 아니었다. 코카콜라는 기존 콜라의 맛을 유지하면서도 칼로리와 탄수화물은 줄일 수 있는 제품을 개발하고자 했다. 그리고 2004년, 코카콜라는 기존 콜라보다 칼로리를 반으로 줄인 제품인 '코카콜라 C2'를 출시했다.

코카콜라 C2는 기존 코카콜라의 절반 칼로리를 내세웠다. 설탕과 인공감미료를 혼합하여 칼로리를 줄이면서도 맛은 유지하려 했다. 코카콜라는 코카콜라 C2가 기존 콜라 애호가들과 저칼로리 음료를 찾는 소비자들 모두에게 사랑받을 것이라 생각했다. 광고에는 여러 유명 인사를 동원했고, 1970년대 히트곡을 활용하여 친근한 느낌으로 소비자들에게 다가갔다. 광고 속에서는 "절반 칼로리, 더 많은 즐거움"이라는 슬로건을 내걸었다. 하지만 실제로 판매된 코카콜라 C2의 맛은 광고와는 달리 오리지널 코카콜라와 많이 달랐다.

기존 콜라와 저칼로리 콜라 사이라는 포지션도 너무 애매했다. 절반 칼로리와 사실은 부족한 맛이라는 애매한 포지셔닝도 명확한 타겟층을 확보하는 데 방해였다. 다이어트를 원하는 소비자들은 여전히 콜라를 기피했고, 기존 콜라 애호가들의 선택은 오리지널 제품으로 향했다. C2는 설탕과 함께 인공 감미료를 혼합했기 때문에 오리지널 콜라의 풍미를 완전하게 느낄 수 없었기 때문이다. 절반 칼로리를 줄여 맛이 덜한 C2를 먹을 바에는 기존 콜라를 절반만 먹겠다는 것이 소비자들의 의견이었다.

결국 코카콜라 C2는 출시한 지 1년 만에 대부분의 시장에서 판매가 중단되었다. 기대에 미치지 못하는 판매 실적을 반영하여 다른 제품 라인에 집중하기로 한 것이다.

코카콜라는 코카콜라 C2의 사례를 발판 삼아, 제로 칼로리와 맛을 동시에 강조하는 코카콜라 제로를 새롭게 출시하여, 명확한 소비자 타켓팅과 일관된 브랜드 메시지를 전달할 수 있었다. 그리고 세계적인 다이어트 콜라 이미지를 확보하여 시장 내 압도적인 지위를 차지할 수 있었다.

# 렉서스

*LEXUS*

**렉서스 (Lexus)**

차량 시승을 하는 도중에, 조수석에 앉은 영업 사원이 브레이크를 밟지 말아 보라고 소리쳤다. 바로 앞에 차가 있어서 제동을 해야 하는데, 왜 이런 소리를 했을까?

렉서스는 일본의 자동차 회사이자 전 세계 판매량 1, 2위를 다투는 기업 토요타의 자사 프리미엄 고급 차 브랜드 사업부이다. 1989년 미국에서 처음 모습을 드러냈고, 프리미엄 고급 차 이미지를 내세워 압도적인 판매량을 기록했다. 현대자동차의 제네시스 역시 렉서스의 사례를 보고 만든 브랜드이다.

본래 렉서스는 일본 내에서 출시하지 않았지만, 2005년부터는 자국에서도 판매를 시작했다. 대한민국에는 1998년 수입 다변화 제한 정책이 해제되어 일본제 자동차 수입이 개방되었고, 2001년 처음 모습을 드러냈다. 중후하고 안정적인 차량을 생각하는 사람들에게 렉서스는 좋은 선택지가 되었다.

첫 출시 이후 진화를 거듭한 렉서스는 2010년대 후반부터 첨단 안전 사양 LSS+를 내세웠다. LSS+는 'Lexus Safety System+'의 약자로 PCS(긴급 제동 보조 시스템), DRCC(다이내믹 레이더 크루즈 컨트롤), LTA(차선 추적 어시스트)를 포함한 첨단 안전 사양을 의미했다. 운전자가 미처 대비하지 못하는 상황에도 차량이 개입해 운전자를 보호해 준다는 것이다. 렉서스 차량의 영업 사원들은 바로 이 안전 사양을 홍보하도록 교육을 받은 상태였다.

2021년, 한 커뮤니티에 영상이 올라왔다. 한국 내 렉서스 매장에 방문한 A씨는 자신이 평소에 관심을 보이던 렉서스 ES300h 모델 시승을 시작했다. 무난하게 주행을 이어가던 A씨는 앞 차량이 신호 대기를 하고 있는 것을 보고 브레이크를 밟으려 했다. 바로 그때 시승 차량에 동승한 영업 사원이 "브레이크를 밟지 말아 보세요."라고 말했다. A씨는 영업 사원의 말을 듣고 브레이크를 밟으려다 주춤한다. 하지만 그 순간 신호 대기 중이었던 앞 차량과 그대로 추돌 사고가 발생했다. 긴급 제동 시스템이 작동하지 않아, 저절로 멈추지 않은 것처럼 보였다. 사건은 곧 바로 커뮤니티를 통해 퍼져 나갔다.

해당 영상이 빠르게 퍼져 나간 이후 렉서스 측은 다급히 해명문을 발표했다. 긴급 제동 시스템이 작동하기 위해선 브레이크를 건드리면 안 되지만, 운전자가 아주 살짝 브레이크를 밟았다는 것이다. 하지만 대중들은 렉서스의 해명에 의아하다는 반응을 내놓았다.

"브레이크 건드렸다고 긴급 제동이 안 된다고?", "말도 안 되는 거다, 브레이크를 건드려도 긴급 제동은 작동해야 한다."

해당 사건이 논란이 되고 대중들을 비롯한 경쟁사 관계자와 업계 관계자들이 많은 의견을 내놓았다. 브레이크 사용 유무와 상관없이 긴급 제동 시스템은 작동해야 한다는 것이 경쟁사 관계자의 의견이었다. 업계 관계자의 의견은 이와는 조금 달랐다. 긴급 제동 시스템은 원래 정지해 있는 차량 상대로는 작동하지 않는다는 것이다.

이야기를 종합해 보면, 영업 사원은 긴급 제동 시스템에 대해 자세히 몰랐던 것 같다. 자칫 사고가 날 수 있는 상황을 일으켰다는 문제도 있다. 하지만 렉서스 관계자는 "고객과 딜러(영업 사원) 간의 커뮤니케이션 문제로 발생한 사고"라고 말하며 오히려 오해를 더 키워버렸다.

물론 고객인 A씨 역시 운전자로서 부주의했다는 지적을 받을 수 있다. 이를 유도한 영업 사원의 잘못도 마찬가지로 당연하다. 하지만 가장 근본적인 문제는 영업 사원에 대한 교육을 해야 했던 렉서스 회사에 있을 것이다. 영업 사원이 '안전'을 중시했다면, 그리고 긴급 제동 시스템에 대해 잘 알고 있었다면 결코 일어나지 않았을 사고였기 때문이다.

해당 사건 이후 렉서스는 몇 달간 저조한 판매량으로 곤욕을 치렀다. 안전하며 잔고장 없는 일본 차의 명성에 금이 간 것이다. 사고 처리는 보험으로 인해 문제없이 처리되었지만, 한 번 손실된 이미지는 쉽게 돌아오지 않았다.

# 유나이티드 항공

*United Airlines, Inc*

## 유나이티드 항공 3411편 강제 하기 사건

2017년 4월 9일, 출발을 기다리던 유나이티드 항공 3411편 안에서 기이한 사건이 벌어지고 있었다. 자리에 앉은 승객에게 좌석을 포기하고 내려 달라고 요구하고 있었던 것이다. 이는 오버부킹이 아닌 데드헤딩에 해당했다.

오버부킹은 호텔이나 항공사 등에서 실제 탑승 및 투숙 가능한 인원보다 더 많은 예약을 받는 것으로, 노쇼 인원으로 인한 금전적 손실을 최소화하기 위한 관행을 말한다. 하지만 이번 사건은 데드헤딩으로, 승무원을 다른 공항에 배치하기 위해 비행기로 이동시키는 상황이었다. 미국 국내 항공사들은 국내 지역만으로도 거리가 멀어서 버스나 기차를 통한 이동이 어렵기에, 승무원을 옮기는 데 가장 최적화된 방법으로 데드헤딩을 채택한다.

유나이티드 항공 3411편은 데드헤딩을 위해 승객들에게 보상을 내걸며 자리 양보를 요구했다. 하지만 아무도 양보하려 하지 않자 임의로 4명을 선정해서 강제로 끌어내리려 했다.

그중 베트남계 미국인 의사 데이비드 다오가 있었다. 다오 박사는 다음 항공편을 타겠다고 자원한 상황이었으나, 가능한 항공편이 다음 날 오후 14시 30분 도착인 것을 확인하고 내릴 수 없다고 번복했다. 그날 환자와의 약속이 잡혀 있기 때문이었다. 그러나 직원은 공항 경찰과 경비원을 동원해 다오를 강제로 끌어내렸다. 이 과정에서 다오 박사는 코뼈가 부러지고 앞니 두 개가 뽑혔으며, 머리를 부딪혀 뇌진탕 증세까지 보일 정도로 크게 다쳤다. 기업이 죄 없는 개인에게 일방적으로 가한 폭행은 다른 승객들의 핸드폰으로 촬영되었고 SNS를 통해 급속도로 퍼져 나갔다.

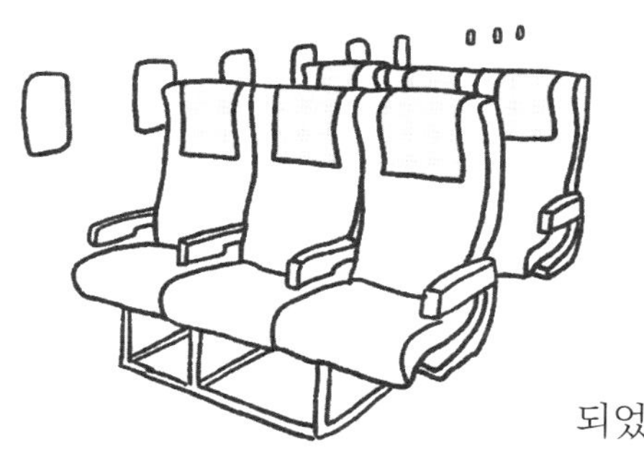

영상은 전 세계적으로 큰 분노를 불러일으켰다. 사람들은 유나이티드 항공의 비인간적이고 과도한 대응 방식을 비난했다.

유나이티드 항공은 처음에는 자사의 정책을 옹호하는 듯한 태도를 보였다. CEO 오스카 무노즈는 직원들은 규정을 따랐을 뿐이라는 것을 강조하는 사과문을 올려서 오히려 사람들의 반발심을 불러일으켰다. 유나이티드 항공의 기업 이미지는 심각한 타격을 입었고 주가는 급락했다. 전 세계 소비자들이 유나이티드 항공을 보이콧하기 시작했다.

유나이티드 항공은 결국 공식적인 사과문을 게시했다. 깊은 사과와 함께, 이 사건으로 상처 받았을 승객에게 보상하겠다고 약속했다. 하지만 주가가 떨어져서 그런 게 아니냐며, 진정성에 의심을 받았다.

이 사건으로 유나이티드 항공의 고객 서비스와 위기관리 능력이 얼마나 참담한지 전 세계가 알게 되었다. 심지어 CEO인 오스카 무노즈는 "사건 발생 후 중국 영사관을 찾아가 대화했다.", "오해를 풀기 위해 중국을 방문한다."는 등의 발언으로 더욱 빈축을 샀다. 피해자인 데이비드 다오는 중국인이 아니라 '베트남계 미국인'이기 때문이다.

기업은 고객이 있어야 존재한다. 기업은 늘 고객과의 신뢰를 최우선으로 삼아 유연하게 대처해야 한다. 해당 사례는 이 두 문장의 중요성을 너무도 분명하게 보여 주고 있다.

# 쌈지

*SSAMZIE*

## 사업 다각화

2010년대에 들어서며 한국에서 가장 많이 볼 수 있었던 전단지는 "사장님이 미쳤어요."였다. 여기에는 '부도'라는 단어가 함께였다. 사람들은 엄청난 할인율과 자극적인 문장에 눈길이 끌렸고, 매장에 들어가 값싼 가격에 물건들을 구매했다. 그리고 "사장님이 미쳤어요."의 중심에는 '쌈지'가 있었다.

한때 국민 브랜드 중 하나였던 대한민국 토종 브랜드 쌈지는 1993년 '레더데코'라는 가죽 제품 가방 업체로 시작되었다. 쌈지는 담배, 돈, 부시 등을 싸서 가지고 다니는 작은 주머니라는 뜻으로, 레더데코 디자인 실장이었던 정금자 씨의 아이디어에서 시작되었다. 1995년에는 아이삭, 놈 등의 잡화 브랜드를 추가로 론칭했고, 1997년에는 딸기라는 캐릭터를 내세워 새로운 잡화 브랜드를 선보였다. 또한 1998년에는 쌈지스포츠까지 추가하며 IMF에서도 호황을 누렸다. 파산 신청이 줄을 잇던 당시 분위기와는 대조적이고 독자적인 행보였다. 1998년 매출액은 544억, 순

이익은 20억 원이었다. 이에 힘을 받은 기업은 1999년에 상호를 주식회사 쌈지로 변경했고, 2001년에는 코스닥에 기업을 상장시키기까지 이르렀다.

쌈지의 성공은 대표 천호균 씨의 어깨를 한껏 올려놓았는데, 이탈리아의 유명 명품 브랜드 구찌와 쌈지를 비교할 정도였다. 기업의 성공과 코스닥 시장 등록으로 인해 많은 투자금을 확보한 쌈지는 프랑스의 한 디자이너 브랜드를 인수했고, 엔터테인먼트, 예술, 영화, 부동산, 테마파크 등 다양한 분야로 사업을 확장했다.

2000년대 초반에는 인디 음악 중심의 록 페스티벌 '쌈지 사운드 페스티벌'과 같은 문화 사업을 정기적으로 지원했다. 그리고 2004년 인사동에 '쌈지길'을 오픈했다. 2007년에는 영화 제작사 아이비전을 인수해 무방비도시, 인사동 스캔들 등 영화 제작에도 참여했으나, 이렇다 할 성적을 거두지 못했다.

그리고 사업 다각화가 곧 기업의 위기를 초래하기 시작했다. 쌈지 브랜드의 지갑, 가방, 구두 등의 제품은 이전과 같이 힘을 내지 못했다. 명품 브랜드 MCM, 메트로시티 등의 인기로 브랜드 선호도는 점점 떨어졌고, 천호균이 투자한 프랑스 디자이너 마틴 싯봉과 현지 회사의 관리가 쉽지 않았다. 자신만의 스타일이 강했던 마틴 싯봉과 쌈지의 디자인 사이에는 너무나도 큰 괴리가 존재했다. 그러나 천 대표는 자꾸만 쌈지 브랜드가 아닌 다른 사업에 주의를 기울였다.

나중에는 테마파크 '딸기가 좋아'의

입장료 말고는 이렇다 할 수익이 없었다. 그러나 이런 상황에도 천호균 대표는 딸기 카페 등을 오픈하는 등 이해할 수 없는 행보를 강행했다. 서울 인사동에 오픈한 공예품 전문 쇼핑몰 쌈지길 역시 계속해서 적자를 기록하고 있던 상황이었다. 2003년부터 2010년까지 총 7년간의 적자가 이어졌고, 2009년에는 578억 원 매출에 129억 원의 적자를 기록했다. 결국 쌈지는 사업 다각화 이후 2010년 4월, 6억 4,600만 원의 어음을 막지 못해 최종 부도 처리됐다.

쌈지의 부도 사례는 브랜드의 핵심 역량은 신경쓰지 않은 채, 무리한 사업 확장이 불러온 화였다.

# 펩시

*PEPSI*

## ‘Black Lives Matter’ 연상 광고

2분 30초 길이의 광고 영상 속에는 시위대가 등장했다. 시위대는 경찰과 대치 중이었고 그러던 중 광고 모델인 켄달 제너와 한 경찰관의 눈이 마주쳤다. 눈을 마주한 켄달 제너는 가발을 벗고 옷을 갈아입은 다음 시위 행렬에 합류했다. 시위 행렬에 합류한 뒤엔 홀로 시위를 감시 중인 경찰관에게 다가가 펩시 한 캔을 내밀었다. 그러자 펩시 한 캔을 받은 경찰관이 콜라를 마시고 환하게 웃는 모습을 보였다. 광고는 해당 모습 이후 모두가 웃는 모습을 보이며 마무리되었다.

펩시는 시위 같은 심각한 상황을 펩시 한 캔만으로 바꾸는 모습을 통해 제품의 영향력을 보여 주려 했다. 그러나 이 광고를 본 사람들은 분노했다. 심각한 상황을 너무 가볍게 다루었다는 것이다.

켄달 제너가 시위대 속에서 우두커니 나와 경찰관 앞에 선 모습은 2016년 배턴루지 시에서 일어난 사건을 연상시켰다. 2016년 배턴루지에서는 백인 경찰의 흑인 사살 사건을 항의하는 시위가 한창이었다. 시위에 참여한 사람들은 '백인의 침묵은 폭력이다'라는 팻말을 들며 해명을 촉구했다. 그렇게 시위가 한창 진행되던 때였다. 한 흑인 여성이 홀로 인간 바리케이드를 만든 경찰 무리 앞에 다가갔다. 그러나 얼마 못 가 중무장한 경찰 두 명이 다가와 여성을 제지했다. 해당 사진은 미국 전역에 퍼지며 큰 파급력을 몰고 왔다. 이 여성의 이름은 에시아 에반스. 에반스가 아스팔트 위에 선 채 꼿꼿한 자세를 유지하고 있는 장면은 저항의 모습을 고스란히 담고 있었다. 이 사진을 찍은 사진작가 조나단 바크먼은 "그녀는 움직이지 않음으로써 저항하는 것처럼 보였다. 마치 당신들이 와서 나를 잡아가야만 할 것이라고 말하는 것처럼 느꼈다."라고 말했다.

시위대 앞에 홀로 나서는 광고 속 켄달 제너의 모습은 에시아 에반스의 시위 당시 모습과 굉장히 흡사했던 것이다.

사람들은 흑인 인권을 위한 시위가 단순 마케팅에 이용됐다며 분노했다. 인종차별처럼 현실적인 문제를 오직 펩시의 광고 효과를 위해 이용했기 때문이다. 이는 당시 경찰의 총격으로 인해 목숨을 잃은 흑인과 그 시위대마저 존중하지 않은 처사라는 것이다. 펩시는 흑인 인권 운동의 가치를 훼손시켰다는 비난과, 흑인 인권 운동의 상징을 '화이트 워싱'[9]했다는 비판까지 받게 되었다.

"아버지가 펩시의 위력을 진작 아셨더라면."

해당 영상을 본 흑인 인권 운동가 마틴 루터 킹 목사의 딸 버니스 킹은 위와 같은 말을 남기며 광고를 우회적으로 비판했다.

9 영화나 애니메이션 등에서, 실제로는 흑인인 배역을 백인으로 바꾸는 행위.

논란이 커지자, 펩시는 곧바로 영상을 내리고 사과문을 발표했다. 공개 하루만이었다. 이 사건은 사회적 문제를 광고 속에 표현할 때 기업이 얼마나 신중해야 하는지를 잘 보여 주는 사례로 남게 되었다.

# 46 삼성증권

*Samsung Securities Co., Ltd.*

### 팻 핑거 (Fat Finger)

2018년, 한국 증권가를 뒤집어 놓은 '팻 핑거' 사건이 벌어진다. '팻 핑거'란, 사람의 기기 조작 실수를 말하는데 특히 금융 시장에서 잘못된 숫자 입력이나, 클릭 실수로 일어나는 사건들을 말할 때 쓰인다.

삼성증권의 직원 보유 우리 사주[10]에 대한 배당 과정에서 바로 이 팻 핑거 사건이 일어난 것이다. 삼성증권은 직원들에게 1주당 1,000원이라는 배당금을 지급해야 했지만, 1주당 1,000원이 아닌 1주당 1,000주의 자사 주식을 배당하고 말았다. 이렇게 직원 2,018명의 계좌에 입력된 유령 주식은 총 28억 1,295만 주로 삼성증권의 총발행 주식 8,930만 주의 30배가 넘는 규모였다. 이는 무려 112조 원에 해당하는 어마어마한 가치로 시장에 해당 물량이 전부 풀리면 삼성증권 주식뿐 아니라 국내 주식 시장 전체에 엄청난 문제가 발생할 수 있었다.

하지만 해당 사건이 더 큰 논란을 불러일으킨 건 단순히 직원의 실수

10 근로자가 우리 사주 조합을 통해 자신이 근무하는 회사의 주식을 취득 · 보유하는 것. 근로자의 경제, 사회적 지위 향상과 노사 협력 증진을 도모하기 위한 목적을 지니고 있다.

때문만이 아니었다. 이 실수로 인해서 증권사의 허위 주식 발행과 유통이 가능하다는 현실이 만천하에 드러났기 때문이었다. 주식 시장 속 모든 종목은 정해진 주식량이 정해져 있다. 조금 전 이야기한 삼성증권의 총발행 주식이 8,930만 주인 것처럼 정해진 수량을 마음대로 바꿀 수는 없다. 주식을 추가 발행하기 위해서는 관련 기관의 허가를 받아야 하고 공시를 통해 이러한 사실을 사람들에게 알려야 했다. 신주발행은 유상증자라고도 불리는데 이는 주가의 변동 폭을 크게 바꿀 수 있을 정도로 큰 이벤트에 해당한다.

그러나 삼성 증권의 해당 사태를 통해 이렇다 할 공시와 기관의 허가 없이도 주식의 발행과 유통이 가능하다는 점이 밝혀졌다. 이에 주식 시장 속 개인 투자자들은 큰 충격에 빠졌다.

배당 실수 직후 삼성 증권은 어떻게든 최대한 빨리 사건을 수습해야만 했다. 불행 중 다행이었던 것은 직원 대부분은 이상함을 눈치채고 들어온 주식을 매도하지 않았다는 사실이었다. 하지만 모두 그렇게 한 것은 아니었다.

2,018명의 직원 중 21명의 직원은 계좌에 엄청난 수량의 삼성증권 주식이 찍혀 있는 걸 확인하고 사건 당일 아침 장이 열리자마자 곧바로 매도 주문을 체결했다. 삼성증권에 근무하는 직원이라는 점에서 오류라는 것을 인지했을 가능성이 컸지만, 아랑곳하지 않고 매도 주문을 체결한 것이다. 전일 전체 거래량

의 10배에 가까운 엄청난 물량이 쏟아져 나오자, 삼성증권의 매수, 매도를 엿보고 있던 투자자들은 혼란에 빠지고 말았다. 장이 마무리되기 전 삼성증권 종가는 한때 전일 종가 대비 12%가량 급락하기도 했다.

501만 주의 엄청난 주식이 시장에서 매도된 것을 확인한 삼성증권은 같은 수량의 주식을 다시 사들이며 주가 정상화에 나섰다. 하지만 이미 패닉에 빠진 투자자들과 상황으로 인해 주가는 쉽게 되살아나지 못했고, 끝내 엄청난 음봉을 그리며 마무리했다.

이후 해당 사건이 널리 퍼지게 되었다. 유령 주식이 발행되고 판매까지 아무런 제재 없이 이루어진 사건에 대해 '무차입 공매도'가 화두에 올랐다. 공매도의 종류에는 두 가지가 있는데, 누군가 가지고 있는 주식을 빌려 곧바로 판매한 뒤 일정 시간이 지나 다시 주식을 매입해 빌린 이에게 갚는 '차입 공매도'와 존재하지 않는 주식을 판매한 뒤 일정 시간 이후 주식을 구매해 유통 주식 수를 원래대로 유지하는 '무차입 공매도'가 존재한다. 존재하지 않는 주식을 미리 파는 무차입 공매도는 주식 시장을 교란하는 행위로, 대부분의 나라에서 금지되어 있다. 대한민국은 2000년 우풍상호신용금고가 성도이엔지 주식 34만 주를 공매도한 뒤 15만 주에 대한 계약을 지키지 않아 무차입 공매도가 공식적으로 금지되었다. 그러므로 현재 대한민국 주식 시장에서는 차입 공매도만 허용하고 있다.

그런데 이번 사건은 존재하지도 않은 주식 501만 주를 직원들이 판매했으므로 무차입 공매도에 해당했다. 담당 직원의 클릭 한 번으로 만들어진 유령 주식이 아무런 제재 없이 시장에서 매도되었고, 이걸 원점으로 되돌리기 위해 삼성증권이 다시 501만 주를 사들였기 때문이다.

삼성증권은 이 사건이 무차입 공매도가 아니라, 허술한 주식 배당 절차와 주식 거래 시스템의 착오 탓에 일어난 사건이라고 해명했다. 그러나 사람들은 말도 안 되는 변명이라며 이를 비난했다. 금융감독원은 내부 통제 시스템 문제 때문이라고 결론을 내렸다.

이번 사건으로 인해 삼성증권은 주식 시장에서 신뢰도가 크게 하락했고, 한동안 주가가 출렁이며 투자자들이 대거 이탈하는 모습을 보였다. 이후 국정 감사가 이루어지고 주식 매도 당사자들에 대한 재판이 이뤄지는 등 사건 수습에 몇 년의 기간이 소요되었다.

해당 사례는 한순간의 실수가 기업에 얼마나 큰 손실을 가져다줄 수 있는지를 보여 줄 뿐만 아니라, 대한민국 주식시장에 엄청난 파장을 일으킨 사건이었다.

# 47 한맥투자증권

*Hanmag Securities Corporation*

## 팻 핑거 (Fat Finger)

팻 핑거 사건은 이전에도 발생한 적이 있었다. 이때는 그 결과로 한 증권사가 파산해야만 했다. 2013년 말, 한맥투자증권의 위탁 업체 직원 A는 프로그램 매매를 담당하고 있었다. 프로그램 매매란 일정한 조건이 입력된 프로그램을 사용해서 다양한 종목을 한 번에 대량으로 거래하는 방식을 말한다. 국내 주식 시장 내 2,000개가 넘는 종목을 사람이 일일이 확인할 수 없기에 기관 투자자들이 주로 사용하는 방법이었다.

직원 A는 옵션 가격의 변수인 이자율을 계산하다가 설정값을 실수로 잘못 입력하고 만다. '잔여일/365'가 아닌, '잔여일/0'으로 입력한 것이다. 분모가 0일 때 분수의 값은 무한대가 된다. 그 결과 모든 상황에서 이익 실현이 가능하다고 판단한 프로그램은 막대한 양의 거래를 체결하고 말았다. 이에 따라 콜옵션[11]·풋옵션[12] 거래에서 시장 가격보다 훨씬 낮거

11 콜옵션(call option)이란 거래당사자들이 미리 정한 가격(행사가격, strike price)으로 장래의 특정 시점 또는 그 이전에 일정자산(기초자산)을 살 수 있는 권리를 매매하는 계약이다.

12 풋옵션(put option)이란 거래당사자들이 미리 정한 가격(행사가격, strike price)으로 만기일 또는 그 이전에 일정자산(기초자산)을 팔 수 있는 권리를 매매하는 계약이다.

나 높은 가격에 매물을 쏟아내고 말았다. 해당 종목을 유심히 보고 있던 개인들과 기관, 외인들은 말도 안 되는 가격에 출하된 이 매물들을 모조리 사들이며 거래를 체결했다.

A는 약 2분여가 지난 뒤 자신의 실수를 깨닫고 컴퓨터를 강제 종료켰지만, 이미 3만 7,900여 건의 거래가 체결되어 462억 원이라는 엄청난 손실을 본 뒤였다.

상황을 알아챈 한맥투자증권은 착오에 의한 실수라는 점을 밝히며 거래소에 결제를 보류해 달라고 요청했지만, 이미 진행된 거래라는 답변과 함께 한국거래소는 이를 받아들여 주지 않았다. 오히려 다음 날, 한국거래소는 한맥투자증권 측에서 전부 감당할 수 없는 결제 대금을 주문 상대방에게 대신 지급했다.

파산을 막고 싶었던 한맥투자증권은 직접 거래 상대방들을 찾아다니며 이익금을 반환해 달라고 호소했다. 한국 내 같은 증권계에서는 이익금을 반환해 주면서 20억가량의 돈을 돌려받을 수 있었으나, 360억 원이라는 이익을 본 미국 헤지펀드 'Cassia Capital' 측은 끝까지 거부하며 이익금을 돌려주지 않았다. 결국 한맥투자증권은 팻 핑거로 인해 막대한 손실을 보게 되었고, 끝내 파산에 이르게 되었다.

한맥투자증권의 팻 핑거 사건은 금융 시장의 특성상 작은 실수라도 기업의 흥망을 가를 수 있으며, 이를 대비하는 시스템의 필요성을 일깨워 준 사례이다.

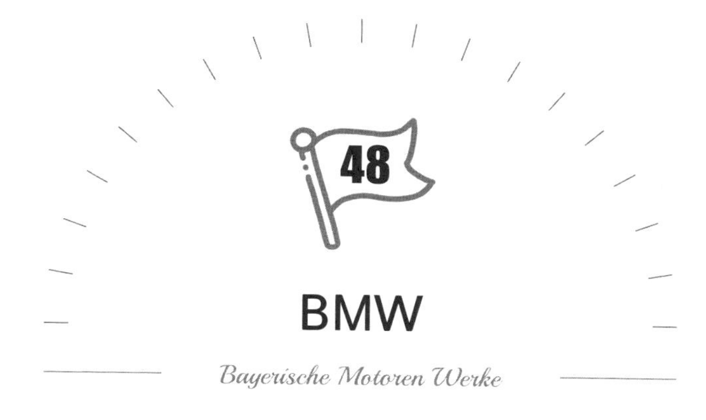


## C1

BMW가 출시한 스쿠터는 뭔가 이상했다. 스쿠터라기엔 캐노피[13]와 안전벨트를 갖추고 있었고, 자동차라기엔 바퀴가 2개이고 차체가 개방되어 있었다. BMW 'C1'은 스쿠터의 개방감을 유지하면서도 자동차와 같은 안전성을 제공하려는 목적에서 개발되었다. 둘의 장점 두 개를 합친 차량이었던 것이다.

C1의 가장 큰 특징은 캐노피 디자인으로, 탑승자를 비와 바람에서 보호할 뿐 아니라 충돌시에도 운전자를 보호하도록 안전성을 우선시하여 설계되었다. 또한 안전벨트가 장착되어 있었기 때문에 헬멧을 착용하지 않고도 운전이 가능했다는 점이 큰 차별점 중 하나였다. C1은 안전하면서도 이동성이 높고, 도심의 주차 공간 문제까지 해결해 주었다.

그러나 C1은 상업적으로 큰 성공을 거두지 못했다. 우선, 가격이 문제였다. C1은 일반적인 스쿠터보다 가격이 높았다. 따라서 소비자들은 더

13 무언가를 덮는 덮개를 일컫는 말. 여기서는 차량의 지붕을 의미한다.

저렴한 가격의 일반 오토바이를 사거나, 돈을 더 주고 자동차를 사는 게 더 낫다고 생각하게 됐다.

또한, 스쿠터나 오토바이를 타는 사람들은 일반적으로 자유롭고 개방적인 주행감을 선호했는데, 캐노피와 안전벨트가 있는 C1으로는 그런 기분을 느낄 수가 없었다. 도시 내 짧은 거리 이동을 필요로 하는 소비자들은 이미 스쿠터나 소형 자동차로 양분되어 있었다. C1은 자동차만큼의 안전성을 제공하지 못하면서도, 스쿠터의 편리함 또한 제한하는 애매한 위치였다.

결국, BMW는 2003년에 C1의 생산을 중단할 수밖에 없었다.

C1은 실험적 시도의 실패였다. C1은 안전과 편의성을 동시에 추구한 독특한 오토바이였지만, 소비자들의 요구와 기대에 부합해 새로운 시장을 만들어 내지는 못했다.

그런데도 BMW의 도전 정신은 높게 평가되었다. C1은 이후 도시 교통수단에 대한 다양한 논의와 실험에 영감을 주었던 것이다. 최근 전기 스쿠터나 마이크로 모빌리티 솔루션이 급부상하는 상황에서, C1의 아이디어는 다시 한번 재조명되고 있다.

# 타깃

*target*

## 캐나다 시장 진출

타깃은 미국을 대표하는 대형 소매업체 중 하나로, 저렴한 가격과 좋은 품질로 큰 성공을 거두었다. 미국에 한해서는 세계 최대의 할인 마트 월마트와 동등한 위상을 보일 정도였다. 그리고 2011년, 타깃은 캐나다 시장 진출을 발표했다. 미국과 인접한 지리적 위치와 비슷한 소비자 문화로 인해 타깃이 쉽게 안착할 수 있을 것이라는 전망이 우세했기 때문이다. 이에 더해 캐나다계 미국인 혹은 캐나다 출신 사람들이 이미 타깃 매장을 애용하고 있었기에 성공은 보장된 것이나 다름없었다.

2011년, 타깃은 캐나다 진출을 위해 소매업체인 젤러스의 매장 220여 개를 인수했고 2013년에 첫 매장을 열었다. 그 해에만 총 124개의 매장을 열 계획이었다. 첫 대규모 해외 진출 시도였다.

타깃은 현지화를 강조하면서 캐나다 문화와 소비자 요구에 맞춘 상품과 서비스를 반드시 제공하겠다고 밝혔다. 많은 이들이 매장 오픈에 열광했고, 첫날부터 매장 앞에 긴 줄이 생기는 등 높은 관심을 받았다.

그러나 타깃의 캐나다 진출은 곧바로 심각한 문제에 직면했다. 가장 큰 문제는 재고 관리 실패였다. 인기 상품들이 빠르게 동나 진열대가 텅 비었고, 반대로 수요가 적은 제품은 재고가 과도하게 쌓였다. 유통 시스템과 공급망이 제대로 구축되지 않은 탓이었다.

또한 높은 가격 문제도 컸다. 캐나다 소비자들은 미국 타깃 매장에서 볼 수 있는 저렴한 가격을 기대했지만, 실제 캐나다 매장에서는 물가와 수입 관세 등의 영향으로 가격이 상대적으로 높게 책정되었다. 캐나다의 타깃 매장은 소비자들이 기대한 '저렴한 쇼핑 천국'이 될 수 없었다. 상품의 질은 낮고, 선택의 폭은 좁았으며, 가격은 높았다. 소비자들이 월마트나 로블로즈 같은 경쟁사로 향하는 건 당연한 결과였다.

결국 타깃은 캐나다에서 모든 매장을 철수하고 2015년 파산 보호 신청을 하게 되었다. 이는 55억 캐나다 달러(한화 약 5조 4천억 원)에 이르는 손실로 이어졌으며 약 17,600명의 직원이 일자리를 잃게 되었다. 단 2년 만에 막을 내린 해당 사례는 유통업계에서 나타난 가장 큰 실패 중 하나로 평가받게 되었다.

타깃 캐나다 진출 실패는 몇 가지 중요한 교훈을 남겼다. 철저한 시장 조사와 준비가 없다면 실패는 정해진 수순이다.

타깃 재고 관리와 유통 시스템을 제대로 구축하지 못했고, 결국 소비자 기대를 충족하지 못했다.

# 노키아

*NOKIA*

## N-Gage

스마트폰이 도래하기 이전 휴대폰 단말기 시장의 1인자는 누구였을까? 삼성? 애플? 놀랍게도 압도적인 판매량의 주인공은 '노키아'였다.

1990년대 후반, 휴대용 게임기가 인기를 끌자, 노키아는 휴대폰과 게임 콘솔의 기능을 결합해 새로운 시장을 개척하고자 했다. 그리하여 2003년, 게임 콘솔과 휴대폰 기능을 모두 갖춘 N-Gage가 출시된다. N-Gage는 휴대용 게임 콘솔의 기능은 물론 통화 기능과 문자 메시지 전송, MP3 플레이어 기능 등 다양한 멀티미디어 기능을 자랑했다. 노키아는 N-Gage가 닌텐도의 게임보이 어드밴스와 같은 휴대용 게임 콘솔의 경쟁 상대가 될 거라 생각했다.

N-Gage의 출시는 젊은 층에게 많은 관심을 끌었다. 휴대폰과 게임 콘솔 기능이 함께 있다는 편리성과 블루투스를 통한 멀티플레이어 기능까지 있기 때문이었다. 하지만 기대와 달리 N-Gage의 인기는 생기기도 전에 식어 버렸다.

가장 큰 문제는 기기 디자인이었다. N-Gage는 통화시 기기의 옆면을 대고 통화해야 했는데 어색한 디자인으로 인해 '타코폰'이라는 조롱을 받아야만 했다. 게임팩을 바꿀 때마다 일일이 핸드폰 배터리를 탈착해서 전원을 다시 켜야 하는 점도 문제였다. 가격 또한 만만치 않았다. N-Gage의 가격은 300달러가량이었는데, 닌텐도에서 판매하던 게임보이가 200달러였고, 즐길 수 있는 게임도 훨씬 다양했다. 이러니 굳이 300달러에 가까운 노키아의 N-Gage를 구매할 이유가 없었다. 말하자면 200달러의 닌텐도 게임보이를 구매하고, 남은 100달러로 일반 핸드폰을 구매하는 것이 나은 것이다.

노키아 N-Gage는 첫 주 판매량 40만 대, 첫 해 판매량 600만 대를 목표로 출시되었지만, 실제 성적은 이에 한참 미치지 못했다. 첫 주 판매량은 5,000대 미만이었고, 첫 해 판매량도 100만 대에 불과했다. 결국, 노키아는 N-Gage의 실패를 인정하고 2005년에 제품 생산을 중단했다.

N-Gage의 사례는 소비자 중심의 디자인과 명확한 시장 타겟팅이 필요하다는 점을 보여 주었다.

# 맥도날드

*McDonald's*

## 아치 디럭스 (Arch Deluxe)

패스트푸드점이 고급화 전략을 쓴다면 어떨까. 90년대에 들어서자 사람들은 값싼 패스트푸드보다는 고급스러운 음식을 찾기 시작했다. 맥도날드는 이런 소비자들을 겨냥한 프리미엄 버거를 출시하기에 이른다. 그게 바로 '아치 디럭스'였다.

기존 메뉴가 주로 어린이와 가족을 겨냥한 이미지였다면, 아치 디럭스는 어른 소비자를 대상으로 한 프리미엄 버거였다. 맥도날드는 패스트푸드의 값싸고 해로운 이미지가 아닌 세련되고 고급스러운 이미지를 만들고 싶었다.

아치 디럭스는 특별한 레시피로 구성되었다. 정확히 말해, 레시피는 평범했지만 재료들이 하나같이 고급이었다. 최고급 앵거스 소고기 패티, 고급 베이컨, 고급 마요네즈, 상추, 토마토, 구운 포테이토 롤. 거기에 마요네즈와 머스터드를 넣은 비장의 소스가 더해졌다.

맥도날드는 아치 디럭스의 홍보를 위해 당시 기준으로 1억 달러(한화 약 1,350억 원) 이상을 투자했다. 광고에서는 아치 디럭스를 즐기는 성인들을 보여 줬다. 그렇게 패스트푸드의 '가볍고 저렴한' 이미지를 벗어나, 어른들도 즐길 수 있는 고급 제품이라는 메시지를 전달했다.

하지만 아치 디럭스는 흥행하지 못했다. 소비자들은 맥도날드의 핵심 이미지와 아치 디럭스의 고급화 브랜드 전략 사이에서 괴리를 느꼈다. 소비자들에게 맥도날드는 저렴하고 간단한 식사를 제공하는 곳이었다. 그런 곳에 가면서 빅맥보다 비싼 가격을 지불하고 프리미엄 버거를 먹으려는 사람들은 없었다. 어차피 사람들은 맥도날드가 최고급 식당이 아니라는 걸 알고 있는 것이다. 주 소비층인 가족 단위의 고객을 외면하는 듯한 광고도 부정적인 여론을 만들었다.

아치 디럭스는 1996년 출시 이후 저조한 성적과 함께, 맥도날드 역사에서 가장 실패한 제품 중 하나로 남게 되었다. 이 사건은 기업이 브랜드 정체성을 지키지 않으면 새로운 메뉴 개발도 의미가 없다는 것을 보여 주고 있다.

# 뱅크 오브 아메리카

*Bank Of America Corporation*

## 직불카드 수수료 부과

2010년대에 들어서자 미국 금융 업계는 도드-프랭크 금융 규제 개혁법[14]과 같은 새로운 규제 환경 속에서 변화를 모색해야만 했다. 은행들은 기존에 벌어들이던 수수료 수익에 제약을 받게 되었고, 이를 보완하기 위해서 새로운 수익원을 찾아 나섰다.

결국 뱅크 오브 아메리카는 직불카드 사용시 월 5달러의 수수료를 부과하기로 결정했다. 규제 비용과 수익 손실을 메우기 위한 마련한 대책이었다. 그러나 이 대책은 고객의 엄청난 반발을 불러왔다.

“직불카드 수수료는 말도 안 된다. 당장 카드를 꺾어버릴 거다.”, “뱅크 오브 아메리카를 30년 넘게 이용했다. 하지만 여기까지다.”

---

14 미국이 글로벌 금융위기로 나타난 문제점들을 해결하기 위해 2010년 7월 제정한 금융개혁법. 2008년 금융위기를 부른 주범으로 꼽히는 파생상품의 거래 투명성을 높여 위험 수준을 줄이고 자산 500억 달러가 넘는 대형은행들에게 자본 확충을 강제하는 내용을 담고 있다.

수수료 도입 발표 직후 소비자들은 거세게 반발했다. 원래 직불카드는 신용카드와 달리 사용 즉시 계좌에서 돈이 빠져나간다. 은행들도 그동안 직불카드 수수료를 받아 오지 않았었다. 무료로 사용할 수 있는 직불카드에 수수료를 부과하는 것은 말도 안 된다고 소비자들은 입을 모아 이야기했다. 그리고 이러한 사실은 언론과 소셜 미디어를 통해 빠르게 퍼져 나가며 큰 논란을 불러일으켰다. 소비자들은 뱅크 오브 아메리카가 고객의 부담을 고려하지 않고 일방적인 결정을 내렸다는 사실에 부정적인 의견만을 내비쳤다. 직불카드 수수료 부과 정책이 곧 은행에 대한 신뢰도 저하로 이어진 것이다.

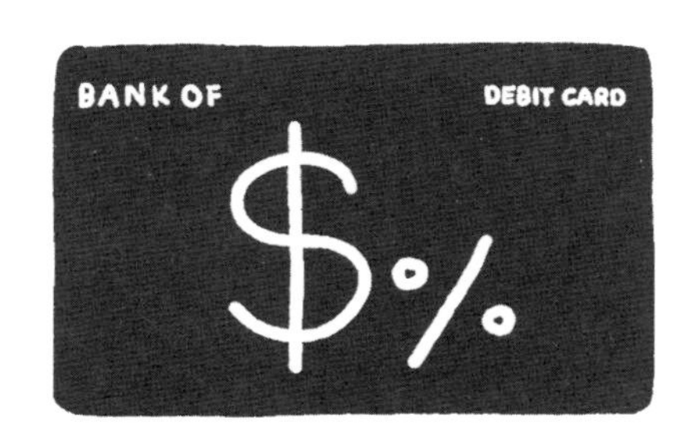


수수료 도입은 타 은행과의 경쟁에서도 불리하게 작용했다. 다른 은행들은 수수료를 도입하지 않거나 원래 있던 수수료들도 낮춰서 책정했다. 뱅크 오브 아메리카의 기존 고객들은 즉시 뱅크 오브 아메리카 계좌를 해지했고, 수수료가 없는 은행으로 계좌를 이전하기 시작했다.

결국, 뱅크 오브 아메리카는 발표한 지 불과 한 달 만에 수수료 도입 철회를 발표했다. 수수료 도입은 은행의 수익성을 위한 전략적 선택이었지만, 소비자들에게는 불필요한 추가 비용으로만 인식될 수밖에 없었다. 해당 사례는 뱅크 오브 아메리카에게 고객 중심의 전략적 접근이 얼마나 중요한지를 일깨워 주었다.

# 53 하인즈

*Heinz*

## EZ 스쿼트 (Easy-Squirt)

보통의 케첩은 토마토 색깔처럼 빨갛다. 그런데 케첩으로 유명한 식품 회사 하인즈에서 초록색 케첩을 출시한 적이 있다. 출시된 케첩의 이름은 'EZ 스쿼트'였다. 슈렉을 메인 캐릭터로 내세우며 등장한 EZ 스쿼트는 출시 직후 많은 어린아이에게 인기를 끌었다. 하인즈의 전략이 제대로 먹혀든 것이다.

부모들 사이에서도 스쿼트 케첩은 긍정적인 반응을 보이며 엄청난 판매량을 기록했다. '블래스트 그린'이라는 색상으로 출시된 첫 EZ 스쿼트 케첩은 출시 첫해 약 1천만 개가 판매될 정도로 큰 인기를 끌었다. 하인즈는 첫 EZ 스쿼트 케첩 성공에 힘입어 다양한 색상의 제품을 추가로 출시하기 시작했다. 하지만 보라색과 파란색이 추가된 EZ 스쿼트는 아이들에게 거부감만 안겨 주었다.

초록색 케첩이 성공할 수 있었던 이유는 아이들이 슈렉을 떠올리며 재미를 느꼈기 때문이었다. 슈렉을 공식 모델로 활용한 하인즈 측의 성공적인 마케팅이었던 것이다. 하지만 슈렉이라는 친근한 캐릭터와 무관하게 그저 색만 변경한 케첩은 식욕만 감퇴시킬 뿐이었다. 점점 더 많은 소비자들이 기존의 빨간색 케첩으로 돌아갔고, EZ 스쿼트 케첩의 매출은 하락세를 면치 못했다.

하인즈는 결국 2006년 EZ 스쿼트 케첩을 시장에서 철수하기로 결정했다. 초기 출시 성공에 심취한 나머지, 새로운 마케팅 전략 없이 무작정 색상만 변경하는 방법을 택한 결과였다.

# 파나소닉

*Panasonic*

## 플라즈마 TV (PDP TV)

기업의 선택은 미래를 결정짓는다. 사업 분야 확장, 신제품 출시 등 기업의 현실은 늘 선택의 연속이다. 1918년 창업해 꾸준히 상승세를 거친 기업 '파나소닉' 역시 수많은 선택의 결과 정상의 자리에 설 수 있었다. 1990년대에는 시가 총액 기준 일본 최대의 가전 업체로 군림했었다. 하지만 잘못된 선택 하나로 이 기업의 운명은 달라졌다.

2000년대 초반, 디스플레이 시장은 표면이 둥근 브라운관 TV에서 평판 디스플레이로 전환되기 시작했다. 당시 LCD와 PDP는 차세대 TV 기술을 대표하고 있었다. 이 가운데 LCD가 아닌 PDP를 사용한 TV가 바로 플라즈마 TV다.

파나소닉은 1997년, 42인치 플라스마 TV를 세계 최초로 출시하며 본격적으로 시장에 뛰어들었다. 플라스마 TV를 주력으로 내세우며 PDP가 기존 브라운관을 대체할 미래 디스플레이라고 이야기했다. 파나소닉은 값비싼 고 변형점 유리 대신, 일반 창문 유리를 사용하여 플라스마 디스플레이를 만드는 공정에 성공했다. 이를 통해 낮은 가격 높은 품질의 제품을 소비자들에게 제공할 수 있었다.

그렇게 2000년대 중반은 파나소닉 플라스마 TV의 해가 되었다. 파나소닉의 플라스마 TV는 브라운관 대비 높은 화질로 많은 소비자에게 사랑받았다. 특히 50인치 이상의 대형 TV 시장에서 높은 색 재현력과 표현력으로 영화 감상 및 고화질 콘텐츠 재생에 압도적인 성능을 자랑했다.

"플라스마 디스플레이 사업에 회사의 운명을 걸겠다."

그리고 시간이 지나 2006년, 파나소닉 회장 나카무라 구니오는 대규모 투자 계획을 발표하게 된다. 구니오 회장은 2,100억 엔, 당시 기준 한화 약 2조 1,279억 원을 투자해 플라스마 디스플레이 공장을 신설하기로 결정했다.

플라스마 TV는 큰 화면에서도 스포츠 중계를 선명하고 자연스럽게 표현할 수 있었다. 특히 2008년 베이징 올림픽과 같은 스포츠 대회는 대형 TV 수요를 폭발적으로 증가시키는 계기가 되었다. 파나소닉은 이를 활용해 글로벌 마케팅 전략을 강화했다. 플라스마 TV는 화면 응답 속도가 빨라 빠르게 움직이는 스포츠 경기에서도 잔상이 거의 없었기 때문에 스포츠 팬들에게 인기가 많았다.

그러나 그 인기는 얼마 가지 못했다. 2010년대 초반부터 LCD 기술의 비약적인 발전으로 플라스마 TV 시장이 급격히 가라앉기 시작했기 때문이었다. LCD는 에너지 효율이 뛰어나고 밝기가 높은 데다 얇고 가벼운 디자인이 가능하다는 점에서 소비자들에게 주목받았다. 또한 LCD 기술이 발전하면서 대형 화면에서도 경쟁력 있는 화질을 제공하게 되었고, LED 백라이트를 사용한 LCD TV는 시장에서 더 큰 주목을 받게 되었다.

LCD 기술의 발전은 플라스마 TV의 단점을 더욱 두드러지게 했다. 플라스마 TV는 LCD에 비해 더 많은 전력을 소비했는데, 화면 밝기가 상대적으로 낮아 조명이 밝은 환경에서는 시청하기 어렵다는 단점도 존재했다. 또한 플라스마 디스플레이는 고해상도를 구현하기 힘들고, 쉽게 노화된다는 단점도 함께 있었다. 이 같은 기술적 한계와 더불어, LCD와 OLED와 같은 더 효율적이고 혁신적인 기술들이 빠르게 대두되면서 플라스마 TV는 점차 시장에서 외면받기 시작했다.

파나소닉은 플라스마 TV의 화질이 여전히 LCD보다 뛰어나다고 주장했지만, 그것은 몇몇 부분에서만 그럴뿐이었다. 소비자들의 선택은 점점 LCD로 기울고 있었다. 특히 가격이 저렴하고 전력 소모가 적으며 더 얇고 가벼운 LCD TV가 빠르게 보급되면서 플라스마 TV는 빠르게 경쟁력을 잃어 갔다.

결국 2013년, 파나소닉은 플라스마 TV 생산 중단을 결정했다. 이 결정은 TV 업계에 큰 충격으로 다가왔다. 2006년 투자를 결정하고 본격적으로 공장이 가동된 것이 2010년 초였는데, 생산 중단을 밝힌 연도와 고작 3년 차이였다. 파나소닉은 2011년, 2012년 각각 7,800억 엔(당시 기준 한화 약 10조 9,560억)과 7,650억 엔(한화 약 10조 4,700억 원)이라는 어마어마한 적자를 기록하게 된다. 이후 파나소닉은 플라스마 TV에서 LCD로 전략을 전환하며, 기술 개발 및 생산 설비에 대한 대대적인 재정비에 나섰다.

파나소닉 플라스마 TV의 실패는 기술 혁신만으로는 시장에서의 성공을 담보할 수 없다는 중요한 교훈을 남겼다. 플라스마 기술에 지나치게 의존했으며 변화하는 시장의 흐름에 민첩하게 대응하지 못한 것이 실패의 가장 큰 원인이었다.

# RJ 레이놀즈

*R.J. Reynolds*

## 프리미어 (Premier)

연기가 나지 않는 담배를 개발한 회사가 있었다. 바로 미국의 대표적인 담배 회사 RJ 레이놀즈였다. RJ 레이놀즈가 자신의 이름을 따서 1875년에 설립하였고, 미국에서 가장 큰 담배 회사 중 하나로 성장했다. 한국에도 잘 알려진 카멜이 바로 이 회사의 담배이다.

RJ 레이놀즈는 무연 담배를 만들겠다는 새로운 시도를 해서, 1988년 최초의 상업용 가열 담배 '프리미어(Premier)'를 개발한다. 프리미어는 일반 담배와 같은 모양이었지만, 더 딱딱한 케이스를 사용했고, 속에는 아주 소량의 담뱃잎만 들어 있었다. 담배 끝에 있는 탄소 팁에 불을 붙여 니코틴을 흡입하는 방식이었는데, 타르와 연기가 없어 건강에 덜 해롭다는 장점이 있었다. RJ 레이놀즈는 사람들 사이에 금연 심리가 퍼지고 있음을 잘 알고 있었다. 따라서 건강을 신경 쓰는 흡연자라면, 담배를 대체해서 프리미어를 필 거라고 예측한 것이다.

하지만 프리미어는 기존 담배를 대체할 수 없었다. 프리미어는 일반 라이터보다 강한 라이터를 사용해야 했는데, 조금 과장하면 토치나 용접용 점화 장치와 같이 강한 세기의 불이 필요했다. 또한 불을 붙였다 해도 그다음이 문제였다. 불을 붙인 뒤에도 문제투성이였다. 프리미어의 담배 맛을 느끼기 위해서는 진공청소기와도 같은 강한 폐가 필요했다. 아무리 강하게 빨아도 빨리지 않는 담배로 인해 흡연자들은 너도나도 불편함을 토로했다.

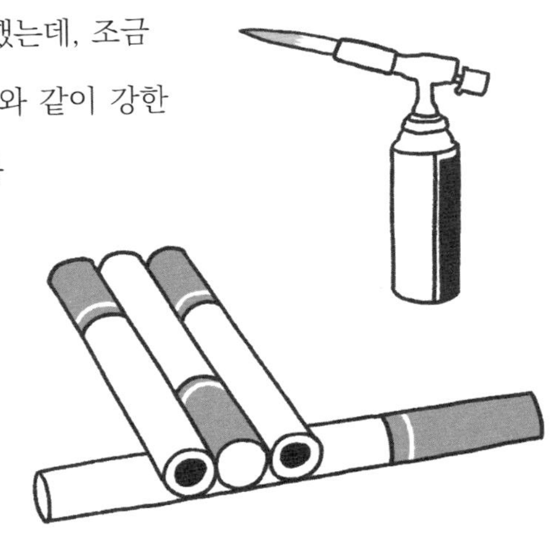

게다가 맛과 향이 너무 최악이라, 구역질이 날 정도였다. 프리미어는 특유의 담배 맛을 살리기가 어려웠다. 담배 맛을 내는 주재료는 담뱃잎, 니코틴, 종이 롤 및 분무 건조 추출물이었는데, 프리미어는 일반 담배의 첨가물을 그대로 사용할 수 없어 향을 더해줄 라즈베리 케톤과 초콜릿과 같은 향미료로 담배 맛을 흉내 내려고 했다. 그 결과 최악의 맛이 완성된 것이다. 설상가상으로 사람들은 프리미어 자체가 제대로 담배로 기능하는지 의문이었다. 심지어 언론에서는 프리미어가 코카인과 같은 불법 약물 전달에 사용될 수 있다는 부정적인 뉴스까지 내보냈다.

흡연자들의 엄청난 혹평에 이어 프리미어는 출시 1년 만에 모습을 감춰야 했다. 프리미어는 기존 담배를 대신할 수 없었고, 이는 결국 기술적 한계로 인한 실수였다.

# 56 아마존

*amazon*

## 알렉사 (Alexa)

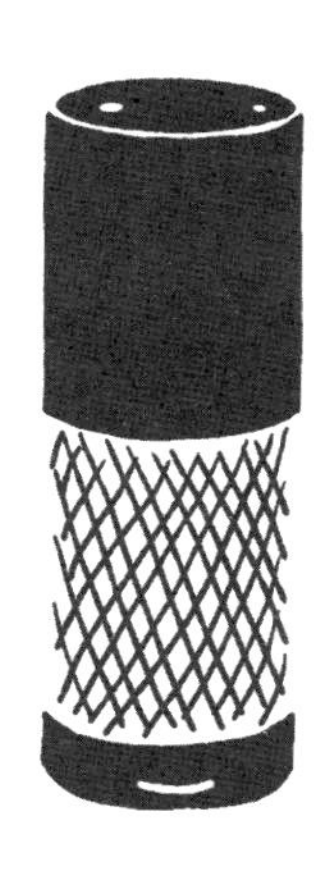

AI가 사람을 구하거나 해칠 수 있을까? 자국 내 온라인 쇼핑몰 매출 1위를 달리고 있는 아마존은 '알렉사'라는 음성형 AI를 제작한다. 알렉사는 에코라는 스피커 제품을 통해 음악, 뉴스, 스포츠 날씨 등 사용자가 원하는 정보를 알려 줬고 이 모든 것을 음성 인식으로 이용할 수 있었다. 스마트홈 기능을 가진 제품들과 연결하면 집안의 전등, TV, 에어컨 등을 음성 컨트롤로 이용하는 것도 가능했다.

그런데 그런 AI가 사람을 구한 사건이 있었다. 바로 2017년, 미국 뉴멕시코주에서 한 남성이 여자 친구를 폭행하다 알렉사의 신고로 인해 체포된 사건이다.

"폭력 용의자의 집 안에 있는 음성인식 장치가 작동해 경찰서로 신고가 접수되었다.”

사건의 경위는 이러했다. 여자 친구가 의심스러운 문자메시지를 받았다며 트집을 잡기 시작한 남자 친구가 그녀를 폭행하기 시작했다. 권총으로 얼굴을 가격하고 죽여 버리겠다며 큰소리를 쳤다. 도중에 남자가 경찰에 전화했냐고 묻자, ‘경찰’과 ‘전화’라는 단어를 알아들은 AI 알렉사가 911에 신고를 한 것이다. 심한 폭행을 당한 여자는 알렉사의 신고를 받고 출동한 경찰에게 응급 구조를 받을 수 있었다. 원래 알렉사에는 신고 기능이 없었다. 알렉사가 911에 신고한 메커니즘은 명확하게 판명되지 않았지만, AI가 사람을 구할 수도 있다는 사실이 밝혀진 것이다. 그리고 이와는 반대로, AI가 사람을 해칠 뻔한 사건도 있었다.

10살 소녀가 알렉사에게 도전해 볼 만한 일을 추천해 달라고 이야기한 사건이었다. 알렉사는 ‘도전(챌린지)’이라는 키워드를 웹에 검색하여, ‘페니 챌린지’를 제안했다. 페니 챌린지는 한때 SNS에서 유행한 위험한 챌린지로, 휴대전화 충전기를 콘센트에 절반 정도 꽂고 플러그 부위에 동전을 갖다 대는 행위를 말했다. 화재나 감전의 가능성이 있어서 절대 해서는 안 될 행동이었다. 다행히도 현장에 있던 아이의 엄마가 이를 제지했지만, 하마터면 큰 사고로 이어질 뻔한 사건이었다.

이 사건은 아이의 엄마를 통해 곧바로 전 지역에 퍼져 나갔다. 한창 AI 윤리 문제를 두고 갑론을박이 펼쳐지던 때였기에 논란은 더 컸다. 사건을 접한 아마존은 곧장 오류를 수정하고, 더 이상 페니 챌린지와 같은 행동을 추천하지 않게 프로그램 설계를 변경했다고 밝혔다. 그러나 AI 문제에 민감한 소비자들은 아마존의 AI를 신뢰하지 않았다.

특히 AI 사업에서 제일 중요한 것은 성능과 신뢰성이었는데, AI의 위험성을 미리 파악하지 못했기에 신뢰를 잃고 만 것이다. 그 후 아마존은 알렉사 부서의 인원 1만 명을 정리해고하는 등 부서의 감축을 진행했다.

# 스타벅스

*Starbucks*

## 'Race Together' 캠페인

2015년 3월 15일, 스타벅스를 세계 최고의 반열에 올려놓은 스타벅스 CEO 하워드 슐츠는 한 가지 캠페인을 진행한다. 그건 바로 인종 차별에 반대하며 모든 인종이 함께 달리자는 'Race Together' 캠페인이었다. 바리스타들은 주문 받은 커피에 "레이스 투게더" 문구를 써넣어주거나, 스티커를 붙이며 캠페인을 진행했다.

캠페인 목적은 분명했다. 인종 차별이 빈번하게 일어나는 미국 내에서 사회적 기업이라는 이미지를 형성하고, 이를 통한 스타벅스의 홍보 효과를 기대한 것이었다. 그러나 하워드 슐츠의 의도와는 달리 고객과 대중의 반응은 차가웠다.

"고객이 인종차별을 하고 있다고 단정 짓는 거냐.", "커피 한 잔 하면서 쉬려는데 설교를 받아야겠냐.", "내가 원하는 건 라떼 컵에 내 이름이 똑바로 적혀 있는 거지, 내가 주문하지 않은 정치적 메시지가 아니다."

인종 차별을 반대한다는 것은 많은 사람이 동의하는 내용이었다. 그러나 커피 한 잔의 여유를 즐길 때마저 인종 차별에 관한 내용을 학습하거나 되새김질하고 싶어 하는 이는 많지 않았다.

또한 영국의 유력 시사 주간지 〈이코노미스트〉는 스타벅스 내 19명의 회사 중역 중 백인이 아닌 사람은 세 명밖에 없다며, 말뿐인 이벤트를 비판했다. 〈월스트리트저널〉은 "그저 카페인을 원하는 고객들에게 현대 사회의 아고라가 되려고 하고 있다."며 "인종 문제와 같은 민감한 주제로 대화를 나누라고 강요할수록 스트레스만 커질 것."이라고 지적했다.

소비자들이 분노한 데는 또 다른 이유도 존재했다. 바로 스타벅스 CEO 하워드 슐츠의 대통령 출마 희망 소문이었다. 이를 두고 스타벅스의 사회적 캠페인이 정치적 도구로 악용되고 있는 것 아니냐는 의혹이 일기도 했다.

마케팅에 사회적 이슈를 포함하는 것은 장단점이 명확하다. 윤리적인 문제를 다루는 측면에서 긍정적인 평가를 받을 수 있지만, 자칫하면 사회적 이슈를 기업의 이익을 위해 이용한다는 비판을 피할 수 없다. 스타벅스의 이번 캠페인 역시 마찬가지였다. 스타벅스는 결국 해당 캠페인을 조기 종료하며 사과문을 게재했다.

# 58 폭스바겐

*Volkswagen AG*

## 디젤게이트 (Dieselgate)

폭스바겐은 자동차 판매량 1, 2위를 다투는 독일의 자동차 제조사로, 경제적이고 강한 내구성이 강점인 브랜드이다. 폭스바겐의 상징적인 차량 '비틀'은 물론, '골프'와 '파사트' 같은 모델은 글로벌 시장에서 높은 인기를 끌었다.

특히 폭스바겐은 디젤 엔진의 효율성과 친환경성을 강조하며 유럽과 미국 시장에서 큰 성공을 거두었다. 디젤 엔진은 환경 보호와 좋은 연비 효율, 고성능을 모두 만족시킬 수 있다는 이미지로 소비자들에게 좋은 인상을 남겼다.

원래 경유를 사용하는 디젤 엔진은 가솔린 엔진에 비해 유해 가스 배출 비율이 훨씬 높아 비판을 받았다. 하지만 유럽 자동차들은 경쟁에 유리한 디젤 자동차 생산을 고집해 왔다. 그런데 2000년대 이후부터 기술의 발전으로 인해 오히려 디젤 자동차가 가솔린보다 청정하다는 이야기를 폭스바겐이 퍼뜨리기 시작했다. 말도 안 되는 이야기라고 의심하는 사람들도 있었지만, 실제로 테스트 결과가 그렇게 나왔기 때문에 사람들은 디젤 자동차가 더 깨끗하다는 걸 믿기 시작했다.

그러나 이 모든 것은 전 세계를 상대로 한 사기극이었다. 2015년 미국 환경 보호국(EPA)이 시행한 배출가스 테스트에서 폭스바겐 디젤 차량이 배출가스를 조작할 수 있는 소프트웨어를 탑재한 것이 드러난 것이다. 전 세계 자동차 산업과 환경 규제를 발칵 뒤집어 놓은 사건, 일명 '디젤게이트'였다.

그렇다면 폭스바겐의 이 조작 소프트웨어는 어떤 시스템으로 이루어져 있었을까? 그건 생각보다 간단했다. 폭스바겐은 배출가스 테스트가 실내에서만 진행된다는 점을 악용해 자동차의 뇌라고 할 수 있는 ECU에 이중으로 소프트웨어를 집어넣었다. 이 소프트웨어는 차량 운행의 스티어링 포지션, 속도, 엔진 작동 시간, 대기압 등 다양한 변수를 분석해 검사 주행인지, 일반 주행인지를 판단했다. 검사 주행이라고 판단되면 평소 주행시와 다른 소프트웨어가 작동하여 질소산화물 배출량을 낮췄다. 하지만 일반적인 주행이라고 판단될 때는 기준치의 40배가 넘는 질소산화물을 배출하도록 했다.

폭스바겐은 소프트웨어를 이용해서 배출가스 기준을 충족하는 것처럼 보이게 만들어, 소비자들에게 디젤 자동차가 환경친화적인 차량이라는 이미지를 지속적으로 홍보한 것이었다. 이 소프트웨어는 전 세계적으로 약 1,100만 대의 차량에 설치되어 있었다.

디젤게이트는 폭스바겐의 이미지에 치명적인 타격을 입혔다. 환경 보호와 지속 가능성을 강조했던 폭스바겐의 홍보 전략은 완전히 무너졌고, 회사는 수십 년 동안 쌓아온 소비자들의 신뢰를 잃게 되었다. 폭스바겐이 고의로 배출가스 테스트를 조작했다는 사실은 단순한 기술적 문제를 넘어, 기업 윤리와 투명성에 대한 심각한 의문을 불러일으켰다.

폭스바겐은 이 사건으로 인해 막대한 재정적 손실을 볼 수밖에 없었다. 미국에서만 약 300억 달러(한화 약 40조)에 달하는 벌금과 보상금을 지불해야 했다. 전 세계적으로 리콜된 차량을 수리하고 배상하는 데도 천문학적인 비용이 소요되었다. 폭스바겐의 경영진은 대규모로 교체되었고, 당시 CEO였던 마르틴 빈테르코른은 사임했다. 이 외에도 회사 내부에서는 책임을 묻는 법적 절차가 진행되었고, 수많은 소송이 끊임없이 이어졌다.

디젤게이트는 환경 규제를 회피하려는 시도는 결국 기업의 장기적인 신뢰와 명성을 훼손할 수 있다는 점을 분명히 보여 주었다. 폭스바겐은 일시적으로는 배출가스 규제를 피하고 판매를 늘릴 수 있었지만, 그 대가로 글로벌 브랜드로서의 신뢰를 잃었다.

# 펩시

*PEPSI*

## 크리스털 펩시 (Crystal Pepsi)

콜라의 색상은 짙은 갈색이다. 콜라에는 기본적으로 탄산가스, 액상과당, 인산, 향료, 캐러멜 등이 들어가는데 이 가운데 캐러멜로 인해 우리가 아는 그 색상을 띠는 것이다. 그러나 펩시는 소비자들의 인식을 뒤집는 새로운 제품을 선보이고자 했다.

그렇게 해서 세상에 모습을 드러낸 것이 '크리스털 펩시'였다. 1990년대 당시에는 건강과 웰빙을 중시하는 트렌드가 확산되면서 무카페인, 저칼로리 등을 선호했고, 더욱 순수하고 깨끗한 이미지를 지닌 제품들이 인기를 끌고 있었다. 이와 반대로 검정에 가까운 색상을 지닌 콜라는 인공 색소가 함유되었다는 부정적인 인식이 있었다.

반면, 크리스털 펩시는 물처럼 투명한 색상이었기에 소비자들에게 순수하고 깨끗한 이미지를 전달해 줄 수 있었다. 펩시의 독특한 맛을 유지하면서도 페리에, 에비앙과 같은 투명한 음료를 원하는 소비자층의 니즈를 충족시키고자 했다.

1992년 출시된 크리스털 펩시는 무카페인, 무색소라는 강점을 내세우고 광고에도 투명한 자연 경관과 깨끗한 이미지를 내보냈다.

하지만 크리스털 펩시는 환영받지 못했다. 투명한 콜라의 색은 사람들로 하여금 인지 부조화를 일으켜 부정적인 영향을 끼쳤는데, 실제로 캐러멜이 빠지자 기존 펩시와 맛이 미묘하게 달라지기까지 했다. 또한, 크리스털 펩시의 마케팅 전략에도 문제가 있었다. 건강하고 깨끗한 이미지는 그동안 펩시가 핵심 메시지로 가져간 '짜릿하고 강렬한 탄산음료'와 상반된 이미지였다. 펩시의 강점을 베재해버린 마케팅에 사람들은 혼란을 느꼈다.

결국 크리스털 펩시는 일 년 만에 시장에서 철수하게 되었다. 크리스털 펩시는 소비자들이 펩시에게 기대하는 기존의 강렬한 맛과 이미지를 간과한 채 새로운 시장에 무리하게 도전한 결과였다. 기업의 새로운 시도에는 반드시 브랜드 정체성 유지가 우선되어야 하는 것이다.

# 마이크로소프트

*Microsoft Corporation*

## 킨 (KIN)

2010년은 스마트폰 사용자가 늘어 가던 시점이었다. 당시는 아이폰 3GS 모델이 나왔던 때로, 갤럭시S 시리즈의 첫 출시와 옵티머스Q 등 한국의 삼성과 엘지도 스마트폰 사업에 시동을 걸던 때였다. 피처폰의 시대가 저물고 스마트폰의 시대가 찾아오고 있었다.

하지만 2010년 5월 14일, 마이크로소프트는 스마트폰이 아닌 피처폰 '킨(KIN)'을 내놓았다. KIN은 SNS에 최적화된 기기로, 킨 원(KIN One)과 킨 투(KIN Two) 두 가지 형태로 출시됐다.

피처폰으로 출시된 킨을 보고 사람들의 기대는 바닥을 쳤다. 스마트폰 시대에 등장한 피처폰은 하이브리드 자동차가 시장 점유율을 높여가는 시기에 새로운 경유 차량을 출시해 인기를 끌겠다는 말과 마찬가지였다.

피처폰의 가장 큰 한계는 자유롭지 못한 인터넷 사용이었다. 스마트폰은 데이터 요금제를 통해 인터넷과 SNS의 자유로운 이용이 가능했다. 3.5인치 화면을 가지고 있던 킨은 인터넷 연결이 가능은 했지만 스마폰과 달리 제한적으로만 인터넷 연결이 가능했고 속도도 현저히 느렸다. 다른 스마트폰은 여러 애플리케이션을 깔아서 SNS를 포함한 다양한 기능을 사용할 수 있지만, 킨은 SNS만 사용할 수 있었다. 스마트폰들을 놔두고 굳이 킨을 사용할 이유가 없는 것이다.

게다가 마이크로소프트는 자체 개발한 윈도우 OS를 탑재해 제품을 출시했는데, 새로 개발한 킨은 최신 버전 Windows7 모바일 OS가 아닌 구형 OS가 탑재되었다. 새로운 운영 체제가 탑재된 인터페이스를 기대했던 대중들은 이조차 시대에 뒤떨어진 핸드폰이라며 실망을 감추지 못했다.

또한, SNS에 최적화된 휴대폰이라면 SNS를 자주 많이 이용하는 십대와 이십대를 노렸어야 했으나, 그것도 여의찮은 것이 출시 가격이 매우 높은 편이었다. 작은 화면의 킨 원은 50달러, 조금 더 큰 화면의 킨 투 가격은 100달러였다. 게다가 무조건 약정을 통해 데이터 요금을 지불해야 했는데 그 금액이 최소 30달러 이상이었다. 당시 2년 약정 아이폰 3GS 8GB 가격이 99달러였던 것을 생각하면 매우 부담스러운 금액이었다. 결국 출시 후 얼마 되지 않아 가격을 인하했지만 때는 늦은 후였다.

마이크로소프트는 출시 2개월 만에 킨의 조기 단종을 결정했다. 마이크로소프트의 킨은 시대의 변화를 제대로 읽지 못하고 좁은 시야로 제품 개발을 한다면 결과는 실패일 수밖에 없음을 보여 주는 사례이다.

# 61 스냅챗

*Snapchat*

## 앱 리디자인 (app Redesign)

스냅챗은 2011년 출시된 미국 메신저 서비스로, 수신인이 내용을 확인하고 나면 10초 이내에 메시지가 사라진다는 컨셉으로 큰 인기를 끌었다. 스냅챗은 2년 만에 2억 개의 사진이 유통되는 거대 소셜 미디어로 급부상했고 2013년 페이스북은 30억 달러(한화 약 3조 2,000억 원)의 금액을 제시하며 인수를 제안했다. 그러나 자신의 앱 가치를 더 높게 평가한 CEO 에반 스피겔은 제안을 단칼에 거절했고, 이후 보란 듯이 더 큰 성장을 이뤄 서비스 시작 6년 만에 시가 총액 340억 달러(한화 약 46조 7천억 원)를 달성했다.

그리고 스냅챗은 6년 만에 인터페이스 리디자인을 시행했다. 여느 기업이 그렇듯 오래된 디자인을 새롭게 바꿈으로써 새로운 사용자 유입을 노린 것이었다.

스냅챗은 앱 창에서 사용자가 만든 스토리와 유명인이 만든 스토리를 볼 수 있는 공간을 분리하고 스토리와 채팅 기능을 섞었다. 스토리 조회수를 늘리고 삽입된 광고 효과를 극대화하려는 의도였다. 그러나 사용자들은 앱 리디자인에 불편함을 호소했다.

리디자인 전, 스냅챗의 스토리를 확인하기 위해선 왼쪽으로 창을 쓸어 넘겨야 했고, 채팅 기능을 사용하려면 오른쪽으로 창을 쓸어 넘기면 됐다. 하지만 리디자인 이후에는 친구들의 스토리를 보기 위해서 메인 카메라 진입 후 화면 왼쪽으로 창을 쓸어 넘겨야 했다. 그뿐만 아니라 창을 쓸어 넘긴 이후 채팅창에 존재하는 친구 프로필을 클릭해만 스토리를 확인할 수 있었다. 스토리 시청과 채팅이 섞여 사용자들은 혼란스러움을 감추지 못했다. 리디자인에 맞춰 바꿔야 했던 엄지 사용법으로 인해 유저들의 불편함은 극에 달했다.

"더 이상 스냅챗을 열어보지 않는 사람? 아니면 나뿐인 건가? 이건 진짜 아니야."

앱 리디자인 이후 미국의 유명 셀럽 카일리 제너는 SNS상에 자신의 불만을 가감 없이 드러냈다.

잘못된 리디자인으로 인해 평균 사용자 수 1억 9천 3백만 명을 기록하던 스냅챗은 8천8백만 명으로 떨어지게 되었다. 광고 조회와 수익은 36%가량 하락했고 광고주들은 다른 플랫폼으로 이동했다. 결국 스냅챗 CEO 에반 스피겔은 유저들의 불편을 적극 해소하겠다고 말했다. 하지만 이미 스냅챗의 1분기는 역대 최저 사용자를 기록하고 주가는 15%가 떨어진 후였다. 이 사건으로 스냅챗은 앱의 직관성이 얼마나 중요한지를 알게 되었다.

# 62 다이슨

*Dyson Limited*

## 전기차 프로젝트

전기차 시장은 여러 기업이 노리고 있는 진출 분야 중 하나다. 내연 기관 자동차에 비해 더 빠른 속도로 개발 단계에 돌입하고 생산할 수 있다는 장점이 있기에 포르쉐, 페라리와 같이 오랜 역사가 있지 않아도 생산이 가능하다. 현재 세계 전기차 시장 점유율 1위를 굳건히 지키고 있는 테슬라도 2008년부터 첫 전기차를 판매하기 시작한 신생 기업이었다.

과거 애플 역시 '애플카'라는 전기차 프로젝트를 발표하며 시장의 기대감을 한 몸에 받았었다. 하지만 상용화에 큰 어려움을 겪고 전기차 프로젝트를 취소했다. 이때 애플과 마찬가지로 전기차 시장에 발을 들인 기업이 있었다. 다름 아닌 유명 청소기 제조 업체 다이슨이었다.

다이슨은 주로 청소기, 공기청정기, 헤어드라이어 등 다양한 생활 가전으로 잘 알려진 영국의 전자 제품 기업이다. 제임스 다이슨이 1991년에 설립한 이 회사는 기존의 기술적 한계를 뛰어넘는 혁신적인 제품들로 유명해졌다. 특히 무선 청소기와 공기 역학을 활용한 공기 청정 기술은 가

전 시장에서 다이슨을 독보적인 위치에 올려놓았다. 하지만 다이슨은 단순히 가전에 머무르지 않고 기술력을 바탕으로 전기차 산업에 진출하려는 과감한 계획을 세우기 시작했다.

전기차 시장이 급속히 성장하면서 테슬라는 해당 분야를 선도하고 있었고, 기존 자동차 제조사들도 전기차 개발에 박차를 가하고 있었다. 특히 폭스바겐 디젤게이트 이후로 친환경 자동차에 대한 관심이 급증했으며 다이슨은 자사의 배터리와 모터 기술을 활용해 전기차 시작에 진출할 수 있다고 믿었다. 그는 주행 거리가 길고 배터리 효율이 좋은 차별화된 고급 전기차를 만들겠다는 목표를 세웠다.

그리고 2017년, 다이슨은 자사의 모터와 배터리 기술력을 활용해 전기차를 개발하겠다는 야심 찬 계획을 공식적으로 발표했다. 기존 가전제품에서 쌓아온 공기 역학, 배터리 기술, 모터 기술을 기반으로, 전기차 시장에서도 혁신을 일으키고자 했다. 특히 다이슨이 개발한 고성능 배터리 기술은 기존 전기차의 한계를 극복할 수 있을 거란 기대가 있었다. 다이슨은 영국 웨일스에 전용 공장을 세우고, 전기차 개발에만 25억 파운드(약 3조 7천억 원) 이상의 자금을 투입하며 본격적으로 프로젝트를 시작했다.

"우리가 전기차 개발 프로젝트를 중단한 건 전기차 개발의 핵심인 배터리 비용이 생각 이상으로 비싸기 때문입니다. 저희가 생각한 1회 충전 시 1,020킬로미터의 주행 거리를 충족하기 위해선 어마어마한 가격이 책정되어야 했습니다. 또한 당시 기술로는 한계가 존재했습니다. 부족한 수익성 역시 우리가 전기차 개발을 포기한 이유 중 하나입니다."

하지만 머지않아 다이슨은 전기차 프로젝트의 실현 가능성이 매우 낮다는 것을 깨달았다. 전기차 개발은 일반 내연 기관 자동차에 비해 훨씬 빠른 속도로 개발과 생산이 가능했지만, 그렇다고 그게 쉬운 일이라는 건 아니었다. 처음 예상과 달리 전기차의 상용화는 훨씬 복잡하고 어려웠다. 모든 수순을 밟고 전기차를 출시한다 해도, 높은 판매 가격으로 인해 경쟁성이 떨어질 것이 분명했다. 배터리와 모터 기술에서는 자신감이 있었지만, 금액적인 부분과 기술의 장기적인 측면을 봤을 때 상용화는 어려웠다.

결국 2019년 10월, 다이슨은 전기차 프로젝트 중단을 결정하고 이를 공식 발표했다. 이미 수천억 원이 투입된 프로젝트였지만, 현실적으로 시장에 내놓을 수 없는 상태였던 것이다.

이에 더해 전기차 시장 진출 이후 꾸준한 수익 창출이 어려웠던 점도 전기차 프로젝트 포기 선언 이유 중 하나였다. 전기차는 내연 기관 차량에 비해 수익성이 낮다. 이는 전기차 특성상 잔고장이 적고 엔진 오일 교체, 디퍼렌셜 오일 교체 등과 같은 소모품도 적기 때문에 정비 관련 이익을 남기기 힘들기 때문이다.

다이슨의 전기차 도전은 기술 혁신과 확장의 가능성을 보여 준 동시에, 현실적인 한계를 명확히 드러낸 사례로 남았다.

# 63 베어링스 은행

*Barings Bank*

## 베어링스 은행 파산 (The Collapse of Barings)

단 한 명으로 인해 기업이 무너질 수도 있을까? 일명 '여왕의 은행(the Queen's Bank)'이라고도 불린 베어링스 은행은 무려 232년 전통의 영국 대표 은행이었다. 왕실과 귀족들도 고객으로 두었는데, 19세기 초반에는 나폴레옹 전쟁 자금을 조달할 정도로 영향력이 컸으며 세계 금융 시장에서도 중요한 역할을 했다. 그러나 1995년, 베어링스 은행 소속의 트레이더 닉 리슨 단 한 명에 의해 은행은 완전히 무너지게 된다.

닉 리슨은 1992년 베어링스 은행의 싱가포르 지점에서 선물 거래를 담당하는 트레이더였다. 리슨은 선물 및 옵션거래에 관여하며 큰 이익을 내기 위해 위험한 투자 전략을 펼쳤다. 그러나 은행은 그가 얼마나 위험한 투자 방식으로 거래를 하고 있는지 감시하지 못했다. 오히려 엄청난 수익을 올리는 그를 크게 신뢰하면서 지나치게 많은 권한을 부여했다.

닉 리슨은 정말로 계속해서 높은 수익을 올렸던 걸까? 실상은 그렇지 않았다. 닉 리슨의 엄청난 수익은 거대한 손실을 감추기 위한 일종의 눈속임에 불과했다. 그는 거래에서 손실을 볼 때마다 이를 숨기기 위해 '88888'이라는 비밀 계좌를 만들어 기록했다. 손실을 은폐하고 장부를 조작하여 거래를 이어가는 바람에, 비밀 계좌에는 엄청난 금액의 손실이 쌓였다. 하지만 겉으로는 손실이 없는 것처럼 보였던 것이다.

리슨은 손실을 만회하기 위해 도박하듯이 추가 거래를 시도했지만, 결국 1995년 1월 17일 일본 고베 대지진으로 인해 닛케이 지수가 폭락하면서 더 속일 수 없을 정도의 막대한 손실을 기록하게 된다. 그때 닉 리슨이 낸 손실은 총 약 14억 달러로, 한화 약 1조 9,200억 원이라는 천문학적인 금액이었다.

자기자본 2배에 달하는 손실을 본 베어링스 은행은 그대로 파산을 선언하게 되었고 이후 네덜란드 ING 그룹으로 단돈 1파운드에 매각되게 된다. 232년 전통의 유서 깊은 은행의 초라한 최후였다.

이는 단순히 개인의 욕심이나 무능함으로 둘 수 없는 사건이었다. 은행 내부의 허술한 통제 시스템, 금융 규제의 부재, 개인에 대한 맹목적인 신뢰 등 다양한 문제로 인해 발생했다고 보아야 한다. 개인에게 단독으로 매매와 장부 관리를 모두 맡겼고, 그를 파악할 수 있는 관리 시스템은 전무했다. 베어링스 은행은 리슨의 88888이라는 비밀 계좌를 전혀 눈치채지 못했으며, 눈에 보이는 수익만 믿는 등 아무런 조치를 취하지 못했기 때문에 파산이라는 치명적인 결과를 맞이한 것이다.

베어링스 은행 파산 사건은 전 세계 금융계에 깊은 충격을 안겨 주었다. 한 나라를 대표하는 유서 깊은 은행이 개인 트레이더의 행동으로 인해 파산할 수 있다는 사실은 다른 금융기관들에도 큰 경각심을 일으켰다. 이후 금융기관들은 내부 통제 시스템을 강화하고 리스크 관리 시스템을 더욱 엄격하게 적용하기 시작했다.

닉 리슨은 결국 법적 책임을 지고 체포되어 징역형을 선고받았고, 이후 자신의 경험을 바탕으로 책을 출판했다. 그가 집필한 책은 훗날 영화로도 제작되어 대중에게 더욱 널리 알려졌다.

베어링스 은행 파산 사건은 개인의 탐욕과 기업의 허술한 통제가 얼마나 큰 파국을 불러올 수 있는지를 보여 주는 대표적인 사례로 남았다.

# 할리 데이비슨

*Harley-Davidson*

## 핫 로드 (Hot Road)

'할리 데이비슨'의 오토바이를 생각하면 떠오르는 이미지가 있다. 묵직한 엔진음과 우렁찬 배기음, 배기구를 통해 뿜어져 나오는 탁한 매연. 특유의 마초적인 이미지 덕분에 미국 중년 남성들에게 인기가 많은 기업이었다.

할리 데이비슨은 1903년 미국 위스콘신에서 설립된 오토바이 제조 업체로, 2차 세계 대전 이후에는 자유와 반항의 아이콘으로 수많은 매니아층을 양성했다. 강력한 엔진 소리와 세련되고 묵직한 특유의 디자인을 통해 자신들만의 이미지를 어필하는 데 성공한 것이다.

그런데 할리 데이비슨은 갑자기 엉뚱한 분야로 사업 확장을 시도한다. 다름 아닌 향수 사업이었다. 1944년, 할리 데이비슨은 오토바이의 거친 남성적 이미지와 자유로운 영혼을 표현하는 향수 '핫 로드(Hot Road)'를 조향하여 출시한다.

하지만 실제 오토바이의 소비층들은 가죽 재킷과 딱 맞는 청바지를 입고 라이딩을 즐길 뿐 향수에는 전혀 관심이 없었다. 오히려 향수 냄새가 아닌 오토바이에서 뿜어져 나오는 매연 냄새와 타이어 타는 냄새 등을 선호했다. 출시한 향수의 향은 기존 시장에서 보기에는 남성적인 향이 분명했지만 할리 데이비슨의 고객층은 향수 자체에 대해 아무런 관심이 없었다.

또한, 할리 데이비슨의 열렬한 팬층이 아닌 일반 소비자는 굳이 오토바이 회사가 제작한 향수를 선택할 이유가 없었다. 향수 시장은 이미 포화 상태였고 해당 분야에서는 월등한 경쟁자들이 많았다. 샤넬, 디올 같은 브랜드들은 이미 오랜 전통을 가지고 향수 라인을 운영하고 있었으며 그들만의 독특한 향과 브랜드 정체성으로 확고히 자리 잡은 상태였다.

반면 일반인들에게 그저 오토바이 제조사에 불과했던 회사의 향수는 시장에서 큰 매력을 전달하지 못했다. 결과적으로 모든 소비자가 할리 데이비슨의 향수를 반기지 않은 것이다.

할리 데이비슨의 향수 출시 실패는 브랜드 확장의 어려움을 잘 보여 주었다. 기업이 새로운 시장에 진출할 때는 본업과의 연관성, 소비자 인식, 그리고 시장 타이밍을 신중하게 고려해야 한다. 할리 데이비슨은 오토바이 분야에서 강력한 브랜드 파워를 가지고 있었지만, 이를 향수로 자연스럽게 연결하는 데 실패하면서 소비자들로부터 혼란과 거부감을 얻은 것이다.

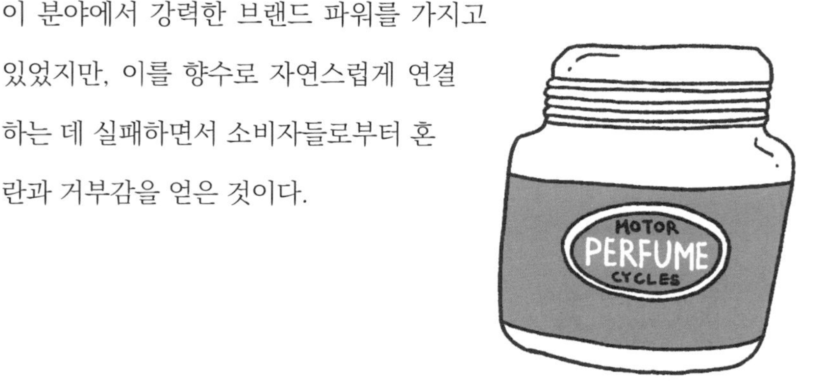

# HP

*HP Development Company*

## HP 터치패드 (HP Touchpad)

HP는 세계적인 기업 중 하나로 실리콘밸리 1세대 기업 중 하나였다. 1939년 빌 휴렛과  데이비트 패커드가 공동으로 설립하여 HP(Hewlett Packard)라는 이름을 가지게 되었다. 이 둘은 캘리포니아주 팔로 알토의 차고에서 538달러라는 초기 자본으로 회사를 설립했다. 훗날 이 일화를 계기로 '차고 안이 실리콘 밸리의 발상지'라는 말이 생겼다.

1950년대에 HP는 고성능 전자 계측기기를 생산하며 성장했고, 그다음 1960년대에는 자신들의 첫 번째 컴퓨터 HP 2116A를 출시하며 이름을 알렸다. 이후 컴퓨터와 레이저 프린터, 클라우드 컴퓨팅 등 다양한 분야로 사업을 확장해 세계적인 기업 중 하나로 자리 잡을 수 있었다.

꾸준히 전자 장비 분야에서 명성을 날리던 HP가 그다음으로 도전한 것은 태블릿 PC 시장이었다. 2010년대 초는 태블릿 PC 시장의 전성기였다. 애플의 아이패드는 출시 1년 만에 1,500만 대 이상의 엄청난 판매량을 보였고, 삼성도 갤럭시탭을 출시했다.

HP는 2011년 2월 자사 제품 '터치패드'를 공개했다. 7월 공식 출시 전, 사람들의 반응은 대부분 긍정적이었다. 공개된 스펙은 시장에서 경쟁하던 모델들에 비해 절대 뒤처지지 않았으며 HP 최초의 자체 스마트 모바일 기기라는 점이 기대감을 올렸다.

그러나 터치패드가 출시된 이후 사람들은 큰 실망을 할 수밖에 없었다.

애플은 IOS라는 독자적인 운영 체제를 가지고 있었고 이를 제외한 회사 대부분은 안드로이드를 운영 체제로 선택했다. 하지만 HP는 아니었다. 안드로이드가 아닌 WebOS라는 것을 탑재하여 출시되었다. 문제는 여기서 발생하게 되었다.

IOS와 안드로이드는 사용할 수 있는 앱이 많았지만, WebOS는 아니었다. 두 운영 체제가 각각 10만 개에 가까운 앱을 사용할 수 있는 것과 달리 WebOS의 앱은 6,000개에 불과했다. 게다가 터치패드에서 사용할 수 있는 앱은 약 300개가 전부였다. 게임 부분에서는 상태가 더 심각했다. 카드 게임과 테트리스 같은 고전 게임이 대부분이었기 때문이다.

HP의 터치패드는 이렇다 할 경쟁력을 갖추지 못했다. 아이패드와 타사 태블릿들에 비해 성능은 그리 떨어지지 않았지만 두께는 두껍고 무게도 더 나갔다. 더군다나 아이패드 1과 출시 가격이 비슷해, 가격 경쟁력이 있는 것도 아니었다.

결국 HP는 터치패드 출시 7주 만에 WebOS 기기 생산을 전면 중단하겠다고 발표했다. 출시 후 7주밖에 지나지 않은 시기의 조기 단종은 애플과 안드로이드 운영 체제에 비해 경쟁력이 지나치게 떨어진다는 것을 알아차린 HP의 칼 같은 선택이었다. 이에 따라 바로 다음 날부터 터치패드 가격이 곤두박질치기 시작했고, 끝내 7주 만에 단종을 맞은 터치패드는 남은 재고를 파격적으로 저렴한 가격에 팔아넘겼다. 경쟁력이 떨어지는 제품의 당연한 결과였다.

# 월마트

*Walmart*

## 그레이트 밸류 아이스크림 샌드위치
## (Great Value Ice Cream Sandwiches)

미국 1등 유통 업체 월마트에선 자체 브랜드 상품인 '그레이트 밸류'를 만날 수 있다. 흔히 PB 상품이라고 불리는 자체 브랜드 상품은 마케팅 및 유통 비용을 줄여서, 낮은 가격으로 높은 질을 유지하는 게 가능하다. 월마트의 그레이트 밸류 아이스크림 샌드위치도 그중 하나였다.

그레이트 밸류 아이스크림 샌드위치는 경쟁 업체들의 제품보다 3달러 정도 낮은 가격으로 꾸준히 사랑받는 제품이었다. 그런데 2014년 7월 29일 주부 크리스티 왓슨은 충격적인 광경을 마주했다. 섭씨 27도에 육박하는 날씨에도 실온에 놔둔 아이스크림이 녹지 않았던 것이었다. 그녀는 곧바로 방송사에 제보했다.

"아들이 뒷마당 테이블에 놓아둔 아이스크림 샌드위치가 완전히 녹지 않은 것을 보고 놀랐다. 또 하나를 꺼내 밤새 실온에 놔둬 보았으나 결과는 마찬가지였다. 대체 내가 아이들에게 무얼 먹여온 건가."

녹지 않는 아이스크림 이야기는 삽시간에 퍼져 나갔다. 기사를 본 사람들은 직접 그레이트 밸류 아이스크림 샌드위치를 구매해 실험에 나서기도 했다. 여기서 그치지 않고 월마트의 아이스크림 샌드위치와 유명 브랜드 클론다이크의 아이스크림 바, 하겐다스 아이스크림 한 통, 오레오 아이스크림 샌드위치를 비교 분석했다. 결과는 충격적이었다. 30분이 흘렀을 땐 하겐다스 아이스크림이 전부 녹았고, 클론다이크의 아이스바는 3분의 2쯤 녹았다. 40분쯤이 되자 오레오 아이스크림 샌드위치가 전부 녹아버렸다. 하지만 월마트의 아이스크림 샌드위치는 본연의 모습을 유지하고 있었다. 한 개인 방송인은 월마트의 아이스크림 샌드위치를 오븐에 넣고 80도의 온도로 10분가량을 돌렸지만, 여전히 녹지 않는 모습을 방송에 내보내 충격을 전해 주었다.

"아이스크림은 구성 성분의 함량에 따라 녹는 속도와 정도가 다릅니다. 크림이 많이 들어 있을수록 대체로 천천히 녹습니다. 월마트의 그레이트 밸류 아이스크림 샌드위치가 그 경우에 속합니다. 그렇기 때문에 녹는 속도가 느린 것입니다."

월마트는 해당 사건에 대해 급히 해명을 내놓았다. 아이스크림은 성분 구성을 통해 맛을 조율하는데 그레이트 밸류 아이스크림은 크림이 많이 함유되어 녹는 속도가 느리다는 것이다. 실제로 해당 아이스크림 성분표에는 우유, 크림, 버터밀크, 설탕 유청 단백질 옥수수 시럽 등이 주요 성분으로 기록되어 있고, 유화제인 모노글리세라이드와 디글리세라이드 등이 들어 있을 뿐이었다. 하지만 사람들의 시선은 여전히 부정적이었다. 시간이 지나도 녹지 않는 아이스크림을 믿을 수 없다는 입장이었다.

이후 월마트의 아이스크림 샌드위치 판매량은 급감하였고, 그 뒤로도 회복되지 못했다. 월마트의 사례는 '녹지 않는 아이스크림'이라는 이질적인 요소가 기존 아이스크림의 이미지에서 벗어나는 바람에 소비자들에게 반감을 준 사건이다. 제품의 성분에는 문제가 없더라도 이미지가 추락하면 소비자들의 외면을 받을 수밖에 없는 것이다.

# 아우디

*Audi*

## 인증 중고차 홍보 광고

결혼 전, 시어머니가 신부를 물건 살피듯이 검사한다면 어떨까. 위생 상태나 성형 여부 등을 확인하면서 신붓감을 확인하는 것이다.

그런 내용의 광고가 실제로 한 기업에서 만들어진 적이 있다. 그 기업은 바로 100년 전통의 독일 자동차 브랜드 아우디였다. 당시 아우디는 인증 중고차 판매 사업을 진행하고 있었다. 인증 중고차는 100가지가 넘는 분야를 꼼꼼히 점검하고 보증하기 때문에, 중고 차량에 대한 걱정을 줄여 준다는 장점이 있었다. 소비자들은 조금 더 비용을 지불하더라도 추가적인 보증을 해 주는 인증 중고차를 더 선호했다.

그러던 2017년, 아우디는 중국 내에서 인증 중고차 홍보를 위한 광고 영상을 업로드했다. 영상은 빠른 속도로 퍼져 나갔고, 많은 사람이 아우디의 성차별적인 중고차 광고를 보게 되었다.

광고는 결혼식 장면으로 시작됐다. 그런데 결혼식을 올리는 남성과 여성의 앞으로 남성의 어머니, 즉 시어머니가 등장한다. 시어머니는 신부의 코와 귀를 만지다 입을 벌려 보며 치아까지 확인한다. 시어머니는 만족했는지 OK 사인을 보내는데 그러다 문득 여성의 가슴에 시선이 머무른다. 그리고 다음 장면에 달리는 차의 모습이 나오면서 "중요한 결정은 신중히 이루어져야 합니다(An important decision must be made carefully)"라는 문구가 뜬다.

"아우디를 구매할 의사가 있었지만, 광고를 본 후 생각이 변했다.", "명백한 여성 비하 광고다.", "아우디 불매 운동을을 진행해야 한다."

아우디의 인증 중고차 광고를 본 이들은 분노에 찼다. 중고차를 여성에 빗대어 표현하는 것은 물론, 결혼을 진행하는 여성을 검사하는 과정이 마치 '하자 있는 여성은 파혼당해도 된다'는 느낌을 주었기 때문이다.

"해당 광고는 중고차 부문을 담당하는 현지 합작사가 만든 광고이며, 아우디 본사는 관련이 없습니다. 현재 관련 사항을 조사하고 있습니다."

해당 광고는 아우디 인증 중고차 사업을 진행하는 현지 회사가 제작해 올린 것이었다. 그러나 논란은 피해 갈 수 없었다. 결국 아우디는 심히 유감스럽다며 사과를 하고 광고를 삭제 조치했다. 이 사례는 성차별적인 내용을 제대로 인지하지 못한 기업의 마케팅 실패 사례로 꼽힌다.

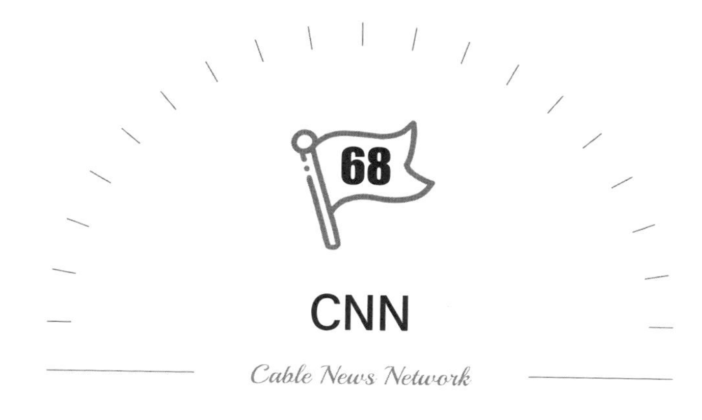


## CNN+

한국에서는 넷플릭스, 티빙, 왓챠 등으로 유명한 OTT 서비스는 디지털 시대 전환 이후 늘 뜨거운 감자였다. 많은 기업이 OTT 사업에 발을 들이고 사용자를 모으기 위해 파격적인 이벤트와 프로모션을 진행했다. 그리고 이러한 추세에 맞춰 미국의 유명 뉴스 채널 CNN 역시 새로운 시도를 감행했는데, 그것이 바로 뉴스 구독 스트리밍 서비스였다.

1980년 6월 1일 테드 터너에 의해 설립된 CNN(Cable News Network)은 미국의 보도 전문 채널로, 유선 방송망 등을 통해 24시간 동안 뉴스 프로그램을 보도한다. 당시 뉴욕에 있는 미국의 3대 방송사(NBC, ABC, CBS)는 정해 놓은 시간에만 뉴스를 내보냈는데, 이런 점이 마음에 들지 않았던 테드는 '모든 사람이 자기가 원하는 시간에 마음대로 뉴스를 볼 수 있도록 하는 것'을 목표로 CNN을 설립했다. 대부분은 실패할 거로 생각했다. 24시간 보도 전문 채널이라는 개념이 너무 생소했기 때문이었다. 하지만 1980년 12월 8일을 기준으로 인식이 변화하기 시작했다. 이날은 비틀즈의 전 멤버 존 레넌이 뉴욕에서 총격을 당한 날이었다. 사람들은 그 즉시 CNN 채널을 통해 실시간으로 사건을 확인할 수 있었다. 뉴스에 대한 사람들의 고정관념이 깨지는 순간이었다. CNN은 그렇게 24시간 보도 전문 채널로 성공할 수 있었다.

그런데 그렇게 이미 성공한 채널인 CNN이 2021년 'CNN+'라는 OTT 사업을 발표한 것이다. CNN은 유명 앵커를 섭외하여 CNN+ 전문 프로그램을 개발했고, 수천만 달러의 마케팅 비용과 유명 앵커 섭외 비용 등 투자를 아끼지 않았다.

2022년 3월 29일 정식 서비스를 시작한 CNN+는 구독 서비스 첫 주에 15만 명의 구독자를 확보했다. 출시 첫날 1,000만 명의 구독자를 모은 디즈니 플러스에 비하면 매우 저조한 성적이었다.

그도 그럴 것이 영화, 드라마, 예능처럼 다양한 장르를 골라 볼 수 있는 다른 OTT 서비스와 비교하면 뉴스라는 콘텐츠 하나뿐인 CNN+는 경쟁력이 떨어졌다. 사람들은 굳이 뉴스를 위해서 OTT까지 가입할 필요성을 느끼지 못한 것이다. 애니메이션 회사 디즈니에는 과거부터 현재까지 수많은 콘텐츠가 존재했기에 OTT 서비스 개설 당시부터 엄청난 화제를 일으켰지만, CNN+가 가진 콘텐츠에는 한계가 있었다.

결국 CNN+는 출시 약 한 달 만에 서비스 종료를 선언해 가장 짧은 역사의 구독 스트리밍 서비스라는 오명을 쓰게 되었다. 뉴스 프로그램의 구독 스트리밍 서비스라는 새로운 시도는 실패로 돌아갔다.

# 소니

*Sony*

## 베타맥스 (Betamax)

지금은 OTT 플랫폼 등이 있어서 언제든 내가 원할 때 프로그램을 볼 수 있지만, 옛날에는 TV 방송 프로그램이 하는 시간을 놓치면 다시 방송을 볼 수 없었다.

1970년 TV 시청이 점차 대중화되면서 사람들은 TV 방송 프로그램을 녹화해서 언제든 자유롭게 보기를 원했다. 이 상황을 빠르게 알아챈 소니(SONY)는 가정용 비디오 녹화기 출시를 위한 프로젝트를 계획했고, 1975년 세계 최초 가정용 비디오 시스템 '베타맥스'를 발표하게 된다.

베타맥스는 당시 매우 획기적이었던 기술로, 최대 1시간까지 영상을 녹화할 수 있었고, 고해상도의 화질과 뛰어난 음질을 제공했다. 거기다 사용법도 간편하고 디자인도 고급스러웠다. 베타맥스는 비디오 녹화기 시장이라는 블루오션에서 큰 인기를 끌었다.

하지만 그게 오래가진 못했다. 가정용 비디오 녹화기 시장의 가능성을 엿보고 있던 일본의 전자 제품 회사 JVC의 등장 때문이었다. JVC는

VHS(Video Home System)라는 새로운 비디오카세트 녹화기를 출시했다. VHS는 베타맥스보다 화질은 약간 떨어졌지만, 최대 2시간이라는 긴 녹화 시간을 제공한다는 강점이 있었다. 그 때문에 영화나 스포츠 경기 등 긴 방송을 녹화할 수 있었다.

소니는 JVC에 맞서 적절한 대응을 해내야만 했다. 하지만 이때마저도 소니는 베타맥스가 VHS보다 기술적으로 우수했기에 별다른 차별점을 내세우지 않았다. 그들은 JVC의 제품이 자신의 우수한 기술력을 감당하지 못할 것이라는 자신감에 차 있었다.

하지만 소비자들은 더 긴 녹화 시간을 제공하는 VHS의 실용성을 높게 평가했다. 그뿐만 아니라 우월한 기술력에 취해 있던 소니는 베타맥스의 녹화 기술을 독점하려 했으나, JVC는 VHS 기술을 자유롭게 라이선스하면서 시장 점유율을 빠르게 늘려 나갔다.

VHS는 더 많은 전자기기 제조사와 제휴를 맺었고, 다양한 회사에서 다양한 브랜드의 VCR 기계들을 출시하게 되면서 시장에서 빠르게 성장해 나갔다. 반면 소니의 베타맥스는 타사와의 제휴를 거부하고 자사 제품에만 베타맥스를 사용하도록 고집했다. 이러한 전략적 결정은 베타맥스의 시장 확장을 제한했고, VHS를 이용하는 사람들만 점차 늘어났다.

1980년대 중반에 이르자 VHS는 비디오카세트 녹화기의 표준이 되었다. 반대로 베타맥스는 시장에서 점차 모습을 감출 수밖에 없었다. 베타맥스의 실패는 기술적 우수함만으로는 소비자와 시장을 지배할 수 없다는 중요한 교훈을 남겼다.

소니는 베타맥스의 품질과 기술력을 지나치게 믿었고, 소비자들이 실제로 원하는 기능과 사용 편의성에 대한 이해도가 부족했다. VHS의 더

긴 녹화 시간, 타사와의 개방적 제휴 전략, 그리고 실용성을 중시하는 소비자들의 선택은 베타맥스가 기술적으로 뛰어남에도 불구하고 시장에서 외면 받는 결과를 낳은 것이다.

베타맥스의 사례는 기업이 제품 개발과 마케팅 전략을 수립할 때, 기술적 우수성만이 아닌 소비자들의 필요와 시장의 흐름을 얼마나 중요하게 고려해야 하는지를 잘 보여 주었다.

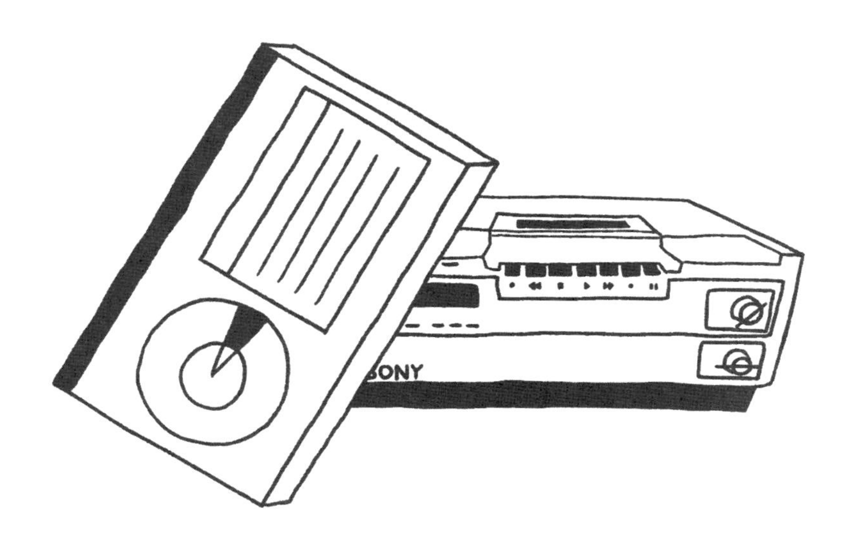

# 켈로그

*WK Kellogg Co*

## Breakfast Mates

우리가 흔히 시리얼이라고 부르는 음식의 시초는 사실 켈로그였다.

켈로그는 1894년 요양원을 운영하던 의사 겸 약사 존 하비 켈로그와 그의 동생 윌리엄 키이스 켈로그가 환자들을 위해 곡물, 밀 소재의 요양식을 만들다가 우연히 시리얼을 만드는 법을 발견하면서 시작되었다. 영양가 있으면서도 소화가 잘되는 빵을 만들다가, 롤러 주변에 반죽이 말라 부서진 플레이크 조각이 생겨났다. 그 조각들을 구워 환자들에게 권하자, 반응이 좋아 건강식 시리얼이 탄생하게 된 것이다.

이후 1906년 회사를 설립한 켈로그는 현재까지 전 세계 180국 이상에 제품을 제공하고 있으며, 2019년 기준 전 세계 시리얼 시장 점유율 40%를 기록할 만큼 영향력이 커졌다. 그 이유 중 하나는 끊임없이 새로운 제품을 연구하기 때문이다. 하지만 다른 기업들이 그렇듯이 모든 제품이 성공적이었던 건 아니었다.

1998년, 켈로그는 아침에 더욱 간편하게 먹을 수 있는 시리얼 신제품을 발표했다. 바로 'Breakfast mates'였다. 플라스틱 그릇의 시리얼과 멸균 우유, 플라스틱 숟가락이 포함된 키트 형식으로 되어 있어 준비물을 따로 구비할 필요 없이 모든 걸 한 번에 해결할 수 있게 만들어진 제품이었다. 켈로그는 부모님이 아침 식사를 준비해 주지 않아도 아이 스스로 끼니를 해결할 수 있다는 내용으로 마케팅했다. 마케팅 내용 자체는 꽤 긍정적인 반응을 이끌었지만, 실상은 달랐다.

켈로그는 상온 보관이 가능한 멸균 우유를 사용했는데, 멸균 우유 특유의 맛은 호불호가 갈렸고 미지근한 온도는 거부감을 일으켰다. 켈로그는 그 해결책으로 신제품을 시리얼 제품 진열대가 아닌, 유제품들과 함께 냉장고에 진열했다. 하지만 Breakfast mates의 타깃 소비자들은 당연히 시리얼 판매대에서 제품을 골랐다. 사람들은 신제품의 존재를 모르거나, 알고 있다고 해도 제품을 찾는 데 어려움을 겪었다. 제품의 진열 장소도 판매에 중요 요소인데, 우유까지 포함된 상품으로는 애초에 그 문제를 해결할 수 없었다.

Breakfast mates는 판매 부진으로 1년 후 단종되었다. 소비자의 입맛과 진열 형태 문제를 예측하지 못해 생긴 실패였다.

# 르노 코리아

*Renault Korea*

## '그랑 콜레오스 (grand koleos)' 홍보 영상

2024년, 르노 코리아가 4년 만에 발표한 신차 흥행에 직원 한 명이 재를 뿌리고 말았다.

개발 프로젝트 '오로라 1'으로 알려졌던 르노 코리아의 신차 '그랑 콜레오스'는 르노 최초의 SUV이자 가장 성공적인 모델 '콜레오스'의 이름을 이어받았다. 콜레오스는 강인함, 견고함 등을 뜻하는 라틴어 코리옵테라에서 유래되었다. 이번의 그랑 콜리오스는 현대적인 디자인과 긴 휠베이스[15], 좌우로 넓게 배치된 풀 LED 램프 등으로 주목을 받았다. 르노 코리아는 해당 차량을 홍보하기 위해 유튜브를 통해 홍보를 시작했다.

홍보를 기획한 르노 코리아의 마케팅팀 직원 K씨는 직접 영상 속에 출현하며 차량 알리기에 나섰다. 차량의 기능, 개발 배경, 성능 등을 알리기 위해 제작된 영상은 여러 편으로 나뉘어져 있었다. K씨는 영상 속에 등장해 밝고 또렷한 목소리로 차량을 설명했다. 하지만 영상 속에서 반복된

15 앞바퀴와 뒷바퀴 사이의 거리.

K씨의 손동작이 큰 논란을 가져오고 말았다.

남성 혐오 표현이라고 불리는 이 손동작에 불쾌함을 느낀 사람들이 있기 때문이었다. 이들은 한 번도 아니고 여러 번 반복했을 뿐만 아니라, 손동작과 맥락이 전혀 맞지 않는다고 주장했다. 우연이 아니라 의도적인 행위라고 추측했다.

"안녕하세요. 르노 코리아입니다. 르노 코리아 사내 홍보 유튜브 채널에 올라온 영상 관련 논란 발생되고 있는 점을 확인했습니다. 사내 홍보용으로 제작된 영상의 일부 장면으로 논란을 일으킨 점 진심으로 사과드립니다."

해당 논란이 불거지자 르노 코리아는 곧바로 사과문을 게재했다. 하지만 최초 사과문은 얼마 못 가 사라지고 말았다. 사안을 가볍게 여긴 듯한 짧은 사과문으로 더 큰 공분을 사게 되었다.

"저는 특정 손 모양이 문제가 되는 혐오의 행동이라는 것을 알고 있었지만, 정작 제가 제작한 영상에서 표현한 손 모양이 그러한 의미로 해석될 수 있다는 것을 미처 인식하지 못했습니다."

논란이 커지고 사건의 당사자가 직접 사과문을 올렸지만, 당사자의 사과문 역시 얼마 못 가 삭제되었다. 당사자의 앞뒤가 맞지 않는 변명을 본 이들은 '무슨 말장난이냐'며 반박했다. 해당 직원의 사과가 '음주 운전을 하는 게 문제가 되는 줄 알고 있었지만, 정작 내가 술을 먹고 운전하는 게 문제가 될지는 몰랐다'는 의미와 같다고 억측했다.

결국 르노 코리아는 담당자 차원이 아닌 기업 입장의 공식 입장문을 내놓아야만 했다. 신차 그랑 콜레오스의 출시에 빨간불이 켜졌을 뿐만 아니라, 기업 이미지까지 먹칠당할 위기였기 때문이다. 르노 코리아는 해당 직원에게 조치를 취하겠다는 말과 함께 사과를 전했다.

해당 논란은 기업 내에서 영상 검수 및 컨펌 시스템이 부재했거나, 혐오 표현의 사회적 민감성과 심각성을 제대로 인지하지 못했기에 일어난 사건이다.

# 넷플릭스

*Netflix, Inc.*

## 퀵스터 (Qwikster)

‘오징어 게임’, ‘기묘한 이야기’와 같은 오리지널 콘텐츠로 유명한 OTT 서비스 넷플릭스의 시작은 스트리밍 사업이 아니었다. 넷플릭스는 1998년 세계 최초 온라인 DVD 대여 업체로 출발했다. 초기 넷플릭스의 직원 수는 30명에 불과했고, 이용할 수 있는 콘텐츠는 925개뿐이었다. 당시에는 인터넷 주문이라는 방식도 생소했고, 미국의 우편 서비스는 달팽이 우편이라는 별명을 얻을 정도로 느리기까지 했다. 사람들은 얼마 가지 않아 망할 거라며 넷플릭스를 비웃었다.

그러나 넷플릭스는 지역마다 전용 물류 센터를 만들며 배달 속도를 높이고, 월 사용료를 받는 대신 연체료가 없다는 개념을 퍼뜨리며 무섭게 성장해 나갔다.

그러다 점점 사람들이 DVD 대신 온라인 시청을 선호하기 시작하자, 넷플릭스는 2007년 온라인 스트리밍 서비스를 시작한다. 컴퓨터 보급률이 늘어나면서 온라인 스트리밍 서비스가 떠오를 것이라 예상한 넷플릭스의 선견지명이었다. 이후 넷플릭스는 사업 초기와 달리 순조롭게 성장할 수 있었다.

그리고 스트리밍 서비스 시작 4년이 지난 2011년, 넷플릭스는 DVD 대여 사업과 온라인 스트리밍 사업 분리를 선언했다. 기존 DVD 대여 사업을 퀵스터라는 이름으로 새로 론칭하고 온라인 스트리밍 사업을 넷플릭스로 유지하겠다는 것이다.

원래 넷플릭스는 DVD 대여 사업과 온라인 스트리밍 묶음 서비스를 약 10달러에 이용할 수 있었다. 그러나 DVD 대여 사업과 온라인 스트리밍 사업이 분리되자 두 가지를 묶어서 이용하는 일이 불가능해졌다. 두 가지 서비스 모두를 이용하기 위해서는 각각 7.99달러를 지불해야만 했는데, 이는 약 60%의 가격 인상이었다.

문제는 이뿐만이 아니었다. DVD 대여 서비스와 온라인 스트리밍 서비스를 이용하기 위해서는 독립된 계정도 두 개 필요했다. 청구서 역시 각각 나왔고 연락처와 주소가 바뀌면 둘 다 수정해야 했다. 영화에 관한 평점, 리뷰, 영상 선호도, 취향 데이터도 서로 공유되지 않았다. 구독료는 늘었지만 불편함이 오히려 더 늘어난 것이다. 소비자들의 반발이 클 수밖에 없는 상황이었다.

"실시간 스트리밍과 DVD 대여 서비스를 분리하고 가격을 인상하는 데 구독자의 의견을 충분히 고려하고 반영하지 못했음을 진심으로 사과드립니다. 기존의 서비스로 성장하고 운영해야 할 필요성을 느꼈습니다."

결국 넷플릭스는 사과문을 올리며 사업 분리를 취소했다. 하지만 이미 80만 명의 회원이 탈퇴한 뒤였고, 기업의 순이익은 10년 만에 감소세를 보였다. 또한 주가 60%가 급락하기도 했다. 이 사례는 소비자의 심리를 고려하지 못한 무리한 사업 분리는 기업에 손해를 끼칠 수 있음을 보여 준다.

# 73 자라

ZARA

## 'The Jacket' 화보

패스트 패션의 선두 주자 SPA 브랜드 자라(ZARA). 자라는 인디텍스라는 세계 최대 규모의 종합 패션·의류 기업을 모회사로 두고 있는데, 이 회사 매출 가운데 3분의 2를 차지할 정도로 큰 영향력을 가진 브랜드이다. 2022년 자라가 기록한 총이익 성장률은 무려 548%이었다.

이렇게 자라를 세계적인 브랜드로 만들어 준 것은 빠른 트렌드 반영과 독특한 디자인이었지만, 광고를 비롯한 마케팅도 중요하게 작용했다. 하지만 모든 광고가 성공적인 것은 아니었는데, 2023년 발표한 가죽 재킷 광고가 그랬다.

자라는 2023년 12월 11일 인스타그램 공식 계정에 '컬렉션 04 더 재킷' 화보를 공개했다. 해당 화보 속 여성 모델은 흰 천에 둘러싸인 마네킹을 어깨에 둘러메고 있었다. 또한 화보 속에는 금이 간 돌이나 부서진 조각상, 깨진 석고 보드와 쓰러져 있는 동상이 등장했다. 자라는 이 광고가 조각가의 작업실에서 완성되지 않은 작품을 표현한 것이라고 이야기했

다. 하지만 이 광고를 본 많은 사람이 이스라엘과 하마스의 전쟁을 떠올렸다.

2023년은 이스라엘과 하마스의 전쟁이 일어난 해였다. 2014년 가자 지구 분쟁 이후 9년 만에 발발한 이스라엘-하마스 간 전면전이었다. 이는 1973년 제4차 중동 전쟁 이후 역대 최대 규모의 충돌로, 전쟁 시작인 10월 7일과 12월 20일 사이 최소 2만 명이 사망하는 비극적인 결과를 초래했다.

자라 광고를 다시 보자. 천으로 둘러싸인 마네킹과 쓰러져 있는 동상은 민간인 사상자를 떠올리게 했고, 엉망이 된 배경은 전쟁으로 인해 황폐해진 모습을 표현하는 것으로 해석될 수 있었다.

자라가 The Jacket 화보를 공개한 이후 자라의 인스타그램 계정에는 팔레스타인 깃발과 함께 수만 개의 비판 댓글이 달렸다. 엑스(옛 트위터)에서는 자라 불매 운동이 시작되었고 친팔레스타인 시위대의 시위까지 이어졌다.

자라는 광고 화보를 올린 바로 다음 날 모든 화보를 삭제했다. 뒤이어 사과문을 올리며 불쾌함을 느낀 이들에게 사과의 뜻을 전했다. 자라는 해당 광고 화보가 이스라엘 하마스 전쟁 전인 7월에 기획됐고, 전쟁 이전인 9월에 촬영됐다고 설명했다. 그러나 사람들의 분노는 쉽게 사그라지지 않았다. 아무리 미리 촬영했어도, 전쟁이 일어난 이상 광고를 미루거나 취소해야 했다는 것이다. 자라의 이 사례는 기업이 평소 사회적인 상황을 잘 파악하고 있어야 하며, 그에 따라 유연한 판단을 내려야 한다는 걸 보여 주고 있다.

# 소니

*Sony*

## 미니디스크 (MiniDisc)

1979년 소니가 출시한 음향 재생 기기 워크맨은 그대로 고유명사가 될 정도로 역사에 한 획을 그었다. 워크맨은 31년간 약 2억 대가 판매되어 소니라는 기업을 전 세계에 알린 제품이었다. 하지만 상품의 흥행은 영원하지 않고 트렌드는 하루가 다르게 바뀌는 법이다. 소니는 그 사실을 잘 알았기에 새로운 제품을 염두에 두고 있었다.

1990년대 초, 소니는 '미니디스크'를 세상에 내놓는다. 미니디스크는 소형 디지털 오디오 디스크로, CD와 카세트테이프의 장점을 결합한 새로운 형태의 제품이었다. CD 플레이어보다 작고 휴대가 용이한데, 디지털로 녹음도 가능하고 카세트테이프처럼 재사용도 가능했다.

출시 초기에는 꽤 긍정적인 반응이 따라왔다. 기존 CD와 달리 녹음과 재생이 가능했던 미니디스크는 뮤지션들과 음악을 좋아하는 이들에게 일종의 개인 음악 제작 도구였다.

하지만 높은 가격대와 미니디스크라는 제한적인 저장 매체의 형태가 대중화에 문제가 되었다. 소니는 자사 미니디스크 포맷을 독점적으로 유지하려 했기에, 다른 회사가 미니디스크를 사용하기 위해서는 추가적인 워런티를 지불해야 했다.

가장 큰 문제는 2000년대 초반에 들어서부터 급격히 확산된 MP3 플레이어와 아이팟 같은 간편한 휴대용 디지털 음악 재생 장치들이었다. 미니디스크는 시대의 흐름과 맞지 않는 제품으로 취급받으며 시장에서 밀려나게 되었다. 한때 혁신적이었던 기술이 역사 속으로 사라지는 순간이었다.

기술 혁신은 반드시 시장의 수요와 맞아떨어져야 한다. 아무리 혁신적이어도 소비자들이 실제로 필요로 하지 않거나 더 편리한 대안이 존재한다면 아무 소용 없게 된다. 게다가 소니의 독점 전략도 문제였다. 독점은 미니디스크의 보급을 더디게 만들었고, 소니의 기술 자체에도 단점이 많았다. MD로 녹음한 파일은 복사할 때마다 품질이 떨어졌다. 고속으로 녹음하는 기능도 없어서 1시간짜리 음악이라면 복사할 때도 1시간이 필요했다. 그리고 이 모든 사항에 대한 개선을 소니의 독점 정책이 막고 있었다.

# 홀 푸드 마켓

*Whole Foods Market*

## 홀 푸드 마켓 365 (Whole Foods Market 365)

1978년 설립된 홀 푸드 마켓은 미국의 유명 슈퍼마켓 체인점으로, 인공 첨가제가 포함되지 않은 유기농 식품을 전문적으로 판매하고 있다. 좋은 품질과 환경친화적인 이미지를 통해 환경과 건강을 중요시하는 고객층에게 인기이다.

하지만 홀 푸드의 프리미엄 제품들은 그만큼 가격대가 높아 부담스럽다는 의견도 많았다. 일부 소비자들은 'Whole Paycheck'(전 재산을 다 쓰게 만드는 곳)이라는 별명을 지을 정도였다. 이러한 피드백을 반영해 홀 푸드는 접근성 높은 저가형 슈퍼마켓 브랜드를 구상하게 된다.

그리고 2016년, 홀 푸드는 '홀 푸드 마켓 365'라는 새로운 콘셉트의 매장을 오픈했다. 홀 푸드 마켓 365 매장은 젊은 세대와 가격에 민감한 소비자를 겨냥했다. 홀 푸드의 기존 프리미엄 이미지를 유지하면서도 더 저렴하고 합리적인 쇼핑 경험을 제공하는 것이 목표였다. 매장 자체는 자동화된 시스템과 셀프 체크아웃을 도입해 운영의 효율성을 높였고, 다양한 레스토랑과 식음료 파트너들을 유치했다.

하지만 홀 푸드 마켓 365에는 치명적인 문제가 있었다. 소비자들이 홀 푸드 마켓 365와 홀 푸드의 차이를 명확히 느끼지 못했다는 것이다. 가격이 저렴하긴 했지만, 여전히 일반 슈퍼마켓보다 비쌌기 때문에 핵심 타깃이었던 젊은 소비자층을 완전히 사로잡지 못했다. 게다가 코스트코(Costco), 트레이더 조(Trader Joe's), 알디(Aldi) 같은 저가형 식료품점들이 이미 시장에서 강력한 위치를 차지하고 있었고, 홀 푸드보다 가격이 훨씬 저렴하면서도 질 좋은 제품을 제공하고 있었으니 굳이 홀 푸드 마켓 365 매장에 갈 이유가 없었다.

결국 홀 푸드는 2019년에 홀 푸드 마켓 365 브랜드 종료를 결정했다. 이 결정은 아마존이 2017년 홀 푸드를 인수한 후 발표되었다. 아마존은 홀 푸드 매장 자체에서 가격 경쟁력을 강화하고자 했고, 홀 푸드 마켓 365 브랜드를 따로 유지하기보다는 기존 홀 푸드 매장에 통합하는 것이 더 효율적이라는 판단을 내렸다. 결국 기존의 365 매장들은 모두 홀 푸드 매장으로 통합되었다.

정리하자면 홀 푸드 마켓 365의 실패는 이미 레드오션인 시장에 가격 경쟁력을 확보하지 못한 채로 섣불리 뛰어들었기 때문이었다.

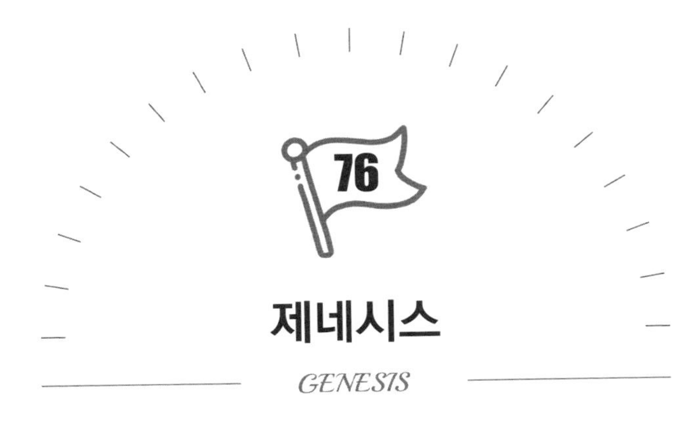

# 76 제네시스

GENESIS

## 사행시 이벤트

현대자동차의 프리미엄 브랜드 제네시스는 제네시스 1세대 BH의 성공 이후 2세대 제네시스 DH 모델을 세상에 선보였다. 중후하고 고급스러운 느낌을 중요시한 DH 모델은 당시 판매 중이었던 에쿠스를 제외하면 가장 고가의 차량이었다.

2013년 11월 1일 현대자동차가 새로운 SNS 이벤트를 발표했다. 페이스북을 통한 사행시 이벤트였다.

"가을을 보내고 제네시스를 맞이하는 감성을 마음껏 보여 주세요. 만렙포스 물씬 나는 4행시를 남겨 주신 다섯 분에게 가을 느낌 나오는 스타벅스 아메리카노를 드립니다."

현대자동차가 든 사행시 예시는 다음과 같았다.

"제우스의 바람기가 내게 온 듯 / 네 옆얼굴에 내가 반했다 / 시크하고 쿨하던 내 얼굴에 / 스리슬쩍 미소가 떴다."

여기에는 긍정적인 내용의 사행시들로 제네시스 모델의 위상을 올리겠다는 목표가 담겨 있었다. 이벤트가 시작되고, 본격적으로 사람들의 참여가 시작됐다.

"제네시스에서 또 물이 새네요 / 네, 현대차는 원래 그렇게 타는 겁니다 / 시속 80Km/h로 박아도 에어백이 안 터지네요 / 스스로 호구 인정하셨네요 호갱님", "제네시스 이벤트로 / 네가 준다는 상품이 고작 / 시시하게 스타벅스 아메리카노 한 잔이야? / 스타일 안 난다잉.", "제동이 안 되는데요? / 네가 알아서 하세요. / 시동이 안 걸리는데요? / 스스로 해결하세요."

사행시 이벤트 참여자들은 대부분 현대자동차에 불만을 가지고 있던 사람들이었다. 과거부터 품질 문제나 그에 따른 대응 문제 때문에 사람들의 불만이 쌓일 대로 쌓인 상황이었기 때문이다. 사행시 이벤트가 열리기 4개월 전에는 투싼 차량 에어백 미작동 사건이 있었다. 시속 80km 속도로 주행하다 도로변 바위를 들이받았는데, 에어백이 작동하지 않아 운전자가 사망에 이른 사건이었다.

그렇게 부정적인 내용의 사행시들은 댓글 상단에 노출되며 많은 사람의 '좋아요'를 받게 되었다. 그러나 현대자동차는 이벤트를 중단하지 않고 꿋꿋이 이벤트를 진행했다. 긍정적인 내용의 사행시에는 친절히 답글을 달아 주고 비난 섞인 댓글에는 응하지 않았는데, 이 역시 사람들의 조롱거리 중 하나가 되었다. 결국 현대자동차는 '좋아요' 개수는 낮지만, 긍정적인 내용의 사행시에 상품을 주었다. 기업에 대한 반감과 부정적인 반응만 끌어낸 완전히 실패한 마케팅이었다.

페이스북과 트위터 등 SNS를 활용한 마케팅에는 기업 입장에서 큰 위험이 존재한다. 즉각적인 반응과 확산은 장점이기도 하지만, 부정적인 여론이 퍼지게 되면 단점이 되기도 한다. SNS 이벤트 마케팅에는 언제나 양면성이 존재하므로, 어느 때보다 신중한 기획이 필요하다.

## 왓슨 (Watson)

전 세계 최고 기업 중 하나라고 손꼽히는 미국의 IBM은 AI 기술의 시작을 알린 회사였다. IBM의 AI 연구는 1950년대로 거슬러 올라가며, AI 사상 최초로 세계 체스 챔피언에게 한 판을 따낸 사건으로 본격적으로 이름을 알리게 된다.

때는 1996년 2월, 미국 필라델피아에서 IBM의 체스 특화 AI 딥블루와 세계 체스 챔피언 카스파로프가 체스 대결을 펼쳤다. 총 여섯 번의 대국에서 3승 2무 1패라는 결과로 카스파로프가 최종 승리했지만, 컴퓨터가 올린 첫 승은 사람들에게 충격을 주었다. 체스의 왕이라고 불린 그에게 AI인 딥블루가 1승과 2무를 기록한 것이다. 하지만 그게 끝이 아니었다. 1년 후 딥블루는 다시 한번 카스파로프에게 도전장을 내밀었다. 업그레이드된 IBM의 딥블루는 초당 2억 가지의 수를 읽을 수 있었고, 지난 100년간 체스 고수들의 데이터가 저장돼 있었다. 딥블루는 3.5:2.5로 세계 챔피언을 꺾고 승리를 거두며, AI 시대의 시작을 예고했다.

IBM은 개발한 AI 기술을 의료 분야에 적용하게 된다. 그게 바로 AI 왓슨을 활용한 '왓슨 헬스 케어'였다. 왓슨은 초당 80조 번의 연산과 초당 100만 권 분량의 데이터를 분석하기 때문에 인간 의사보다 훨씬 뛰어날 거라 생각한 것이다. 왓슨 헬스 케어는 사람들의 증상을 파악해 그에 맞는 치료법과 약물에 대해 알려 주었다.

하지만 AI가 제공할 수 있는 서비스 품질에는 한계가 존재했다. IBM의 예상과 달리 AI는 자꾸만 잘못된 정보를 전달했다. 한 예로 폐암을 진단받아 심한 출혈을 겪고 있는 환자에게 '베바시주맙'이라는 약과 화학 요법을 제안했는데, 사실 이 약은 이 환자에게 치명적인 출혈을 일으킬 수 있었다.

AI는 아직 부족했다. 암 데이터는 AI에 적용하기에 너무 복잡했고, 왓슨은 가설적인 내용을 받아 분석하기 때문에 정확하게 진단할 수 없었다. 정확한 진단을 위해서는 MRI, CT 등을 이용해서 판단해야 하는데, 그렇지 않으니 진단 내용이 허술할 수밖에 없었다.

왓슨 헬스 케어의 이용자는 계속 감소했고 적자를 기록했다. 결국 2022년 1월 IBM은 야심 차게 출범했던 왓슨 의료 사업부를 미국의 글로벌 투자 회사 프란시스코 파트너스에 매각했다. IBM은 자신들의 기술력을 믿었지만, 체스와 의료는 전혀 다른 분야였다.

# 마이크로소프트

*Microsoft Corporation*

## 키넥트 2.0 (Kinect 2.0)

2010년, 마이크로소프트는 Xbox 360용 음성 및 동작 인식 장치인 '키넥트'를 출시했다. 키넥트는 컨트롤러 없이 신체 움직임과 음성으로 게임을 제어할 수 있는 기기로, 무려 1,800만 대의 판매량을 기록하면서 출시 이후 가장 짧은 기간에 많이 팔린 가전기기 1위에 오를 정도였다.

초기 키넥트 성공에 힘입어, 마이크로소프트는 후속 버전인 키넥트 2.0을 2013년 Xbox One과 함께 출시했다. 키넥트 2.0은 향상된 카메라와 센서 기술을 통해 신체 움직임을 더욱 정밀하게 추적하고 심박수와 표정까지 인식할 수 있었다. 또한 시야각은 더 넓어지고 낮은 조명에서도 정확한 인식이 가능해졌으며 음성 명령 기능도 크게 개선되었다.

마이크로소프트는 키넥트 2.0이 게임을 넘어 엔터테인먼트와 일상생활에서도 유용하게 쓰일 거라 예측했다. 음성 명령을 통해 TV를 제어하거나, 운동 게임을 통해 사용자의 자세와 운동량을 실시간으로 분석하는 등 다양한 예시가 있었다.

하지만 기존 키넥트와 달리 사람들은 키넥트 2.0에 큰 관심을 보이지 않았다. 가장 큰 문제는 높은 가격이었다. 키넥트 2.0이 기본적으로 포함된 Xbox One은 경쟁 기기인 소니의 플레이스테이션 4보다 약 100달러 더 비쌌기에 비용적인 부담이 너무 컸다.

또한 키넥트 2.0의 음성, 모션 인식 기능은 광고와 달리 불안정하거나 정확도가 떨어지는 경우가 많았다. 이런 문제가 밝혀지자 게임 개발사들은 키넥트 기능을 활용한 타이틀 개발에 소극적인 모습을 보였고, 그나마 게임 내 적용된 부분도 구색맞추기에 가까웠다.

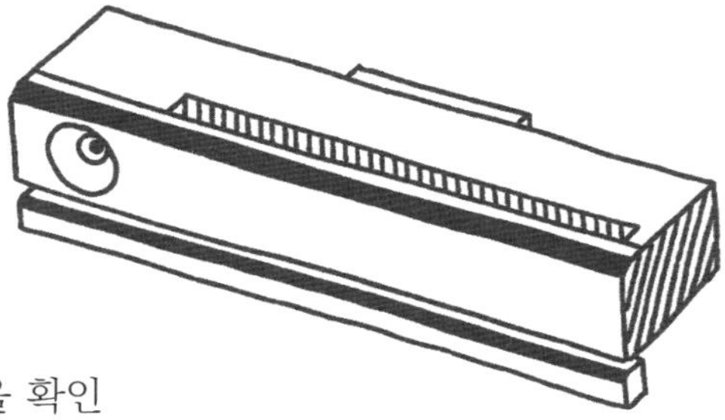

소비자들은 Xbox One의 가격 인하를 요구하기 시작했다. 시장 반응을 확인한 마이크로소프트는 키넥트 2.0을 기본 패키지에서 제외하여 가격 낮추기에 돌입했다. 키넥트 2.0 없이 Xbox One을 판매하기 시작하며 키넥트를 옵션 장치로 전락하게 만든 것이다. 키넥트 2.0의 판매량은 급격히 감소할 수밖에 없었다.

마이크로소프트는 결국 2017년에 키넥트 2.0의 생산을 중단했다. 혁신적인 기술로 주목받았던 키넥트 2.0은 시장의 변화와 소비자 요구에 맞추지 못한 채 퇴장하게 되었다. 기술 개발만큼이나, 소비자 관점에서 실질적인 가치를 창출하는 것이 중요하다는 것을 보여 준 사례이다.

# 포드 모터 컴퍼니

*Ford Motor Company*

## 핀토 (pinto)

1970년대는 미국에 석유 파동이 일어난 때로 소형차 열풍이 불던 시기였다. 원래 미국은 평균 이동 거리가 길기 때문에 배기량이 큰 차량을 중심으로 판매가 이루어졌다. 소형차는 배기량이 작아 시원하게 주행하는 맛이 없어서 인기가 없었다.

그러나 제4차 중동 전쟁 발발 이후 6개 산유국이 가격 인상과 감산에 돌입하자, 상황이 달라졌다. 기록적인 유가 상승으로 인해 미국 내 많은 주유소가 문을 닫아야 했고 그렇게 연료가 부족해지면서 연료 효율이 좋은 소형차로 수요가 몰리기 시작한 것이다.

미국의 자동차 기업 '포드 모터 컴퍼니'의 신제품 '핀토'는 쉐보레 노바, AMC 그렘린 등과 함께 석유 파동의 혜택을 보았다. 잘 빠진 패스트백 라인의 핀토는 4기통 2.3L 엔진과 4기통 2.8L 엔진을 얹어 준수한 가속 성능과 좋은 연료 효율을 자랑했다. 그러나 훌륭한 디자인, 성능, 판매량과 반대로 엄청난 결함이 숨어 있었다.

1978년 인디애나에서 어머니와 아들이 탄 핀토가 뒤에서 오던 트럭과 충돌했다. 충돌 직후 핀토에 화재가 발생했고, 화재는 잠시 뒤 폭발로 이어졌다. 어머니가 사망하고 아들은 심한 화상을 입은 끔찍한 사고였다. 유가족은 곧바로 포드에 소송을 걸었다. 핀토 차량에 문제가 있는 게 분명하다고 말이다.

그리고 이어진 소송 과정에서 끔찍한 진실이 수면 위로 드러난다. 사실, 포드 모터 컴퍼니는 연료 탱크의 결함을 이미 알고 있었다. 핀토에는 연료 탱크를 보호할 만한 지지 구조물이 없어서 다른 자동차가 시속 30km 이상의 속도로 후방 충돌하면 연료가 새서 폭발로 이어질 수 있는 상황이었다.

포드 모터 컴퍼니는 이 사실을 알고 비용과 편익을 계산했다. 차량마다 폭발을 방지하는 안전장치를 장착하는 데 드는 비용과 사고가 일어났을 때 유가족에게 줘야 하는 배상금, 수리 비용을 비교한 것이다. 그러다 차라리 사망사고가 일어났을 때 보상을 하는 게 더 이익이라는 판단이 서자, 안전장치를 장착하지 않는 비윤리적인 결정을 내리게 된다. 그러니까 사람이 죽는 것이 돈을 더 많이 내는 것보다 낫다고 생각한 셈이다.

이런 끔찍한 사실을 알게 된 법정은 원고 측 손해 배상금 250만 달러(한화 약 30억 원)와 더불어 배심원들이 제시한 징벌적 손해 배상금 1억 2,500만 달러(한화 약 1,600억 원)까지 선고한다. 엄청난 금액의 배상금으로 생명 경시에 대한 대가를 치르게 된 것이다.

그 후 핀토는 '바베큐시트'라는 별명을 얻었고, 포드 모터 컴퍼니는 실적 하락과 기업 이미지 손실 등 큰 손해를 떠안으며 소형차 시장을 일본 차량에게 뺏기게 되었다.

포드 모터 컴퍼니의 핀토 결함 사태는 기업이 이익을 추구하기 위해서 윤리를 저버리게 될 때 얼마나 끔찍한 일이 벌어지는지를 보여 주는 대표적인 사례이다.

# 돌체 앤 가바나

*DOLCE & GABBANA*

### 중국 패션쇼 광고 영상

한 중국인 모델이 피자, 빵, 파스타 등을 먹고 있다. 모델은 젓가락으로 먹기 상당히 불편한 음식인데도 꿋꿋이 젓가락질하며 음식을 먹는다. 2018년 돌체 앤 가바나가 중국 내 패션쇼를 홍보하기 위해 제작한 광고 영상이다.

"중국 사람들은 어떤 음식이든 젓가락으로 해결하는 줄 아냐.", "이건 인종 차별이다. 말도 안 된다.", "돌체 앤 가바나 같은 명품 브랜드가 동양 문화 전체를 비하하고 있는 것이다."

이 광고로 인해 중국 내에서 불매 운동이 일어나고 대형 패션쇼가 취소되는 등 돌체 앤 가바나는 퇴출 위기에 몰렸다. 회사 측이 곧바로 공식 사과문을 올리고, 중국 정부도 마찰을 우려해 자제를 당부했지만, 사태는 쉽게 진정되지 않았다. 한국과 일본 내에서도 젓가락 사용권인 동아시아 전체에 대한 인종 차별이라며 비판의 목소리를 높였다.

해당 광고로 인해 중국 내 주요 온라인 거래 사이트인 알리바바와 징둥닷컴 등에선 돌체 앤 가바나 상품 전부가 사라지기도 했다. 대형 온라인 명품 쇼핑몰인 세쿠는 "도덕성이 모자란 업체와는 함께할 수 없다."라며 돌체 앤 가바나 상품 불매를 선언했다. 패션쇼에 참가하기로 했던 모델 천쿤, 영화배우 장쯔이 등도 불참을 선언할 정도였다.

게다가 돌체 앤 가바나의 아시아인 인종 차별 논란은 이번이 첫 번째가 아니었다. 2016년에는 동양 모델들이 음식을 손으로 집어먹는 모습을 연출하여 논란이 일었었다. 심지어 "동양인은 모두 손으로 먹는 줄 알았다."라는 무식한 해명으로 사람들의 비난을 샀다.

대중들의 분노가 더욱 커진 데는 돌체 앤 가바나 공동 창업자 스테파노 가바나의 채팅도 한몫했다. 가바나는 SNS 메신저를 통해 "중국은 똥."이라는 말을 전했고, "중국 없이도 우리는 잘 산다.", "중국은 무식하고 냄새나는 마피아."라는 등 모욕적인 언행을 내뱉었다. 해당 대화가 유출되고 파장은 더욱 커져만 갔다.

스테파노 가바나는 해당 대화가 해킹범에 의해 발생한 일이라고 주장했다. 돌체 앤 가바나 역시 해당 대화는 해킹범에 의한 악의적인 채팅이라며 조사에 나서겠다고 밝혔다. 그러나 분노가 차오른 중국인들은 해당 사건 역시 스테파노 가바나가 회피하고 있는 것이라며 해명을 듣지 않았다. 과거부터 꾸준히 아시아인에 대한 차별이 일어났으니 더더욱 해명을 믿기 어려웠던 것이다.

인종 차별 논란은 기업 이미지에 치명적이다. 결국 해당 광고는 돌체 앤 가바나의 이미지에 큰 타격을 주었고, 이후 판매량에도 부정적인 영향을 끼쳤다. 세계 명품 판매량 3분의 1을 차지하고 있는 중국 시장에서 신뢰를 잃고 만 것이다. 돌체 앤 가바나의 매출은 절반가량 중국에 의존하고 있었기에 타격은 더욱 컸다.

# 블랙베리

*Blackberry*

## 블랙베리 (Blackberry)

스마트폰의 등장 후에도 기계식 물리 자판을 고집한 회사가 있다. 바로 쿼티 자판을 브랜드 정체성으로 가져간 블랙베리다.

블랙베리는 1999년 캐나다의 리서치 인 모션(Research In Motion, RIM)사가 개발한 블랙베리 피처폰 시리즈로 출발하여, 휴대용 이동 통신 기기의 새로운 방향을 제시했다. BBM(블랙베리 메신저)라는 메신저 서비스를 통해 언제 어디서나 메신저를 실시간으로 주고받을 수 있다는 편리함에 뛰어난 보안성까지 탑재해 기업인들에게 큰 인기를 끌었다. 오바마 대통령과 유명 연예인도 블랙베리를 사용하면서 더 입소문이 났고, 한때 세계 시장 점유율 절반 이상을 차지할 정도였다.

그러나 블랙베리는 아이폰이 제시한 방향과 다르게 물리 자판이었던 쿼티 자판을 고수했다. 자신들만의 정체성과 같았던 쿼티 자판을 포기하지 못한 것이다. 그러다 자체 메신저 서비스와 OS마저 애플의 IOS와 구글의 안드로이드에 밀리기 시작했다. 기존 피처폰 사용자들은 자유로운 인터넷 접속과 넓은 화면, 터치스크린을 활용한 스마트폰으로 넘어갔다.

뒤늦게 경각심을 느낀 블랙베리는 2013년 새로운 운영체제와 완전한 터치스크린을 탑재한 스마트폰을 출시했다. 하지만 블랙베리가 내놓은 새로운 제품들은 시장에서 큰 반향을 일으키지 못했다.

스마트폰 시장에서 완전히 입지를 잃어버린 블랙베리는 결국 2016년 공식 발표에서 스마트폰 제조 중단 의사를 밝히며 휴대용 이동 통신 기기 시장에서 물러나겠다고 이야기했다. 한때 모바일 혁신의 선두 주자였던 블랙베리가 기술 변화와 소비자 요구를 따라잡지 못해 몰락하고 만 것이다.

블랙베리는 스마트폰 시장의 트렌드 변화에 대응하는 데 너무나도 느렸다. 아이폰 등장 이후 소비자들은 터치스크린과 애플리케이션의 중요성을 강조했지만, 블랙베리는 여전히 물리적 키보드 보안성에 집착했다. 뿐만 아니라 블랙베리는 자체 운영체제에 대한 고집을 버리지 않아 애플리케이션 생태계 확장에 실패했다.

이 사례는 기업들이 기술 변화에 민첩하게 대응하고, 소비자들의 요구에 발맞추는 것이 얼마나 중요한지를 보여 주고 있다. 시대의 변화에 뒤처지는 기업은 도태될 수밖에 없는 것이다.

# 현대자동차

*HYUNDAI MOTOR COMPANY*

## i40

세단과 SUV를 선호하는 한국 자동차 시장에서 왜건 판매는 쉽지 않다. 왜건은 세단과 비슷한 형태지만 트렁크가 확장된 형태로, 트렁크 공간을 넓게 활용할 수 있으면서도 세단의 승차감을 모두 갖춘 차량이다. 하지만 한국에서는 디자인적으로 낯설다 보니, 왜건을 선호하지 않았다. 해외의 제조사들도 한국에서는 왜건 차량이 아닌 세단과 SUV를 중심으로 하는 판매 전략을 펼쳤다. 그런데 국내 자동차 제조사 1위 현대자동차가 왜건 차량의 판매를 발표하며 사람들의 이목을 집중시킨 것이다.

소비자들은 현대자동차의 새로운 시도에 대부분 긍정적인 반응을 보였다. 과거 현대자동차는 그랜저, 소나타, 다이너스티와 같은 승용 차량 위주로 판매했지만, 시간이 지날수록 SUV, MPV, RV 등 다양한 차량을 선보였다. 소비자들의 반응은 대부분 긍정적이었다. 이에 탄력을 받은 현대자동차는 2007년 해치백 차량 i30을 출시했고 2011년에는 왜건 차량 i40을 출시했다.

i40은 고급스러운 옵션과 단단한 주행감으로 상당히 좋은 평가를 받았다. 2011년 유럽카바디 어워즈 1위로 뽑혔으며 차체의 안정성도 우수했다. i40은 뛰어난 상품성으로 출시 초기 소비자들의 관심을 이끌 수 있었다. 동시대 출시된 현대자동차 차량 중 가장 완성도가 높다는 평가를 받을 정도였다.

하지만 높은 관심과 완성도와 달리 판매량은 저조했다. 8,000대라는 판매량을 목표로 잡았지만, 실제 판매량은 이보다 훨씬 낮은 1,296대를 기록했다. 한국 소비자들의 입맛에 맞게 i40은 세단 버전도 출시했지만, 세단 모델을 통해 저조한 판매량을 이겨 내기란 역부족이었다.

i40은 여러 방면에서 쏘나타보다 한 급 위인 차량이었지만, 가격도 좀 더 높았고 무엇보다 사람들이 독특한 디자인을 꺼렸다.

현대자동차는 2011년 i40 첫 출시 이후 2014년 페이스리프트 모델을 공개했지만 소비자들의 반응은 냉담했다. 2017년 4월 판매량은 8대라는 기록을 세우는 웃지 못할 에피소드를 남기기도 했다. 2017년 4월 기준 람보르기니는 4대, 롤스로이스는 10대였는데, 이는 즉 신차가 4억이 넘어가는 롤스로이스보다 두 대가 덜 팔린 것이다.

결국 i40은 후속 모델 없이 단종의 길을 맞게 된다. 추후 왜건 차량은 제네시스 브랜드에서 유럽 공략을 이유로 출시한 G70 슈팅브레이크가 전부였다. 뿐만 아니라 기존에 판매되던 왜건 차량에 더해 해치백 차량 대부분이 단종되었다. 한국 내에서 세단과 SUV의 영향력이 생각 이상으로 강했던 것이다. i40의

단종은 소비자들의 기대와 바람이 무조건 판매량으로 이어지지는 않음을 보여 주는 사례였다.

# 알리바바 그룹

*Alibaba Group*

## 마윈 (Ma Yun)의 발언

알리바바는 1999년 마윈에 의해 설립된 중국의 최대 온라인 전자상거래 플랫폼 기업이다. 마윈은 창업 초기부터 알리바바를 중국 내 중소기업과 소비자를 연결하는 온라인 시장으로 구축했다. 이후 타오바오와 티몰 같은 플랫폼을 통해 중국 내뿐만 아니라 전 세계적으로 전자상거래 산업을 선도하게 되었고, 마윈은 기술과 금융 혁신의 아이콘으로 자리매김했다.

특히 마윈은 알리페이를 중심으로 핀테크 산업에서도 큰 성공을 거두었으며 이를 통해 금융 서비스와 전자상거래의 통합을 이뤘다. 알리바바 그룹의 성공으로 마윈은 중국을 넘어 세계 경제계의 유명 인물로 올라섰다. 그의 카리스마와 리더십은 많은 이들에게 영감을 주었다.

“현재 중국 금융 시스템은 건전성이 문제가 아니라, 금융 기관들이 제 역할을 하지 않는 기능의 부재가 문제다.”

2020년 10월, 상하이에서 열린 금융 포럼에서 마윈은 중국의 금융 규제 시스템을 강하게 비판하는 발언을 했다. 그는 "중국의 금융 시스템이 여전히 구식"이라고 언급하며 정부의 규제 정책이 기술 혁신과 금융 발전을 저해하고 있다고 주장했다. 특히 그는 중국의 국영 은행들을 비판하며 "전당포 사고방식을 가지고 있다."라고 말했고, 이를 개선하지 않으면 금융 시스템이 미래에 대응할 수 없을 것이라고 경고했다.

이 발언은 중국 정부와 금융 당국에 큰 충격을 주었다. 마윈의 비판은 단순히 경제적 측면을 넘어, 중국 공산당의 권위와 정책 방향을 직접 겨냥한 셈이었다.

마윈의 발언 직후, 중국 정부는 알리바바 그룹에 대한 강력한 조치를 하기 시작했다. 2020년 11월, 알리바바의 핀테크 자회사인 앤트 그룹이 계획했던 370억 달러 규모의 상장(IPO)이 중국 당국의 개입으로 갑작스럽게 중단되었다. 이는 세계 최대 규모의 IPO가 될 예정이었으나 정부의 규제 강화로 인해 전격 취소되었다.

이후 2021년 4월, 중국 반독점 규제 당국은 알리바바에 28억 달러(한화 약 3조 7,000억 원)에 달하는 과징금을 부과했다. 이는 중국 역사상 최대 규모의 반독점 관련 벌금으로, 알리바바가 온라인 상거래에서 경쟁을 제한하는 불공정 거래 관행을 유지했다는 이유에서였다. 이러한 제재는 마윈의 발언에 대한 보복적 성격이 강하다는 해석이 뒤따랐다. 알리바바의 시장 지배력을 견제하려는 중국 정부의 의지가 반영된 결과였다.

과징금 부과 이후 마윈은 점차 중국 내 공식적인 자리에서 모습을 감추기 시작했다. 그는 2020년 10월 이후 공개 석상에서 거의 모습을 드러내지 않았다. 알리바바의 경영에서도 사실상 물러났다. 2021년 초 마윈은 알리바바의 회장직을 공식적으로 내려놓았고, 이후 그는 세계 여러 나라를 여행하면서 시간을 보내고 있는 것으로 알려졌다.

마윈의 퇴장은 중국 내 기업가와 정부 간의 권력관계를 재조명하게 만든 사건이었다. 특히, 중국 정부는 알리바바뿐만 아니라 텐센트, 디디추싱 등 다른 기술 기업들에 대해서도 규제를 강화하며, 이들이 국가 경제와 사회에 미치는 영향력을 제한하기 위한 조치를 취했다.

# LG전자

*LG Electronics*

## 스마트폰 사업

LG전자는 2010년대 초 스마트폰 시장이 폭발적으로 성장하던 시기에 발 빠르게 대응하며 안드로이드 기반 스마트폰을 선보였다. 초기 모델인 옵티머스 시리즈는 합리적인 가격과 우수한 성능을 자랑하며 소비자들 사이에서 긍정적인 반응을 얻었다. 특히 LG전자는 고해상도 화면과 세련된 디자인을 강점으로 내세웠다.

2013년 출시된 G2는 LG전자 스마트폰 사업의 전성기를 상징하는 모델이었다. 이 제품은 당시 시장에서 보기 드문 후면 버튼과 얇은 베젤 디자인으로 차별화를 이뤄 냈고, 뛰어난 성능으로 많은 소비자들의 호응을 얻었다. 이후 LG전자는 G 시리즈와 V 시리즈 등 프리미엄 라인업을 통해 삼성, 애플 등 글로벌 경쟁사들과 어깨를 나란히 하고자 했다.

LG전자는 스마트폰 시장에서 끊임없이 새로운 기술을 도입했다. 대표적인 예로 2015년 LG G4의 레더 후면 커버와 카메라 성능 개선, 그리고 2016년 LG G5의 모듈형 디자인이 있었다. 특히 G5는 모듈형 구조를 통해 배터리 교체, 카메라 모듈 확장 등 다양한 사용자 맞춤 기능을 제공하려 했다. 하지만 기대만큼의 성공을 거두지는 못했다.

2010년대 후반부터 LG전자의 스마트폰 사업은 급격한 어려움에 직면하게 된다. 프리미엄 스마트폰 시장은 삼성과 애플의 양강 구도로 굳어졌고, 중저가 시장에서는 화웨이, 샤오미 등 중국 제조사들이 빠르게 성장하면서 LG전자의 입지는 점점 좁아졌다. 특히 LG전자는 몇 차례의 실수와 품질 관리 문제로 소비자들의 신뢰를 잃기도 했다. LG G5의 모듈형 디자인은 혁신적이었지만, 사용성에서 큰 문제를 드러냈고, 이후 출시된 스마트폰들도 반응이 미미했다.

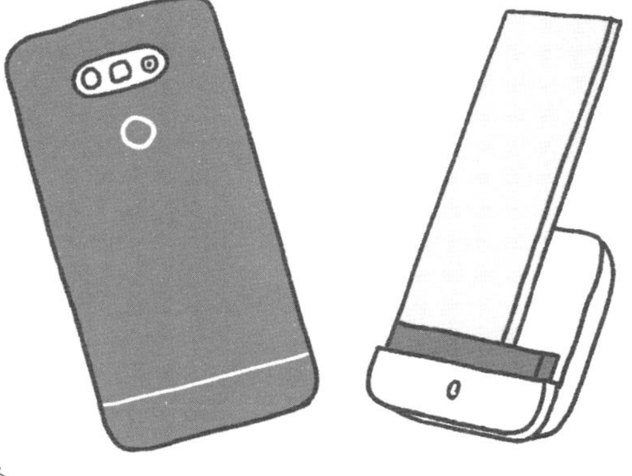

경쟁사의 공격적인 가격 정책과 기술 발전 속도에 비해 LG전자는 뚜렷한 경쟁 우위를 보여주지 못했다. 2017년 이후 LG전자의 스마트폰 부문은 계속해서 적자를 기록했고, 전 세계 스마트폰 시장 점유율은 1% 이하로 떨어지며 존재감을 잃어갔다. 시장 트렌드 변화에 신속하게 대응하지 못한 것이 결정적인 실패 요인이었다.

결국 LG전자는 2021년 4월, 스마트폰 사업 철수를 공식 발표했다. 지난 26년간의 모바일 사업이 끝나는 순간이었다. 글로벌 시장에서 주요 스마트폰 제조사가 사업을 완전히 철수한 첫 사례였다.

# 보잉

*The Boeing Company*

## 737 MAX 8

매우 치열한 경쟁을 벌이는 두 항공기 제조 기업이 있다. 그 기업은 '보잉'과 '에어버스'다. 기업 간의 치열한 경쟁은 기업의 성장을 이끄는 원동력이기도 하지만, 반드시 좋은 결과만 불러오는 것은 아니다.

세계 최대 항공기 제작 회사 보잉은 1916년 윌리엄 보잉이 창립한 기업이다. 처음에는 작은 목제 비행기를 만들었지만 1950년대에는 상업용 항공기를 생산하며 빠른 성장세를 보였고 1960년대에는 보잉 747을 제작하여 성장에 가속화를 붙였다. 이후 보잉은 다양한 상업용 항공기를 개발 및 판매하며 세계 최대의 항공기 제조 업체로 성장했다.

보잉 737 모델은 1968년 첫선을 보인 이후 저렴한 운항 비용과 유지비용으로 인해 많은 항공사의 사랑을 받았다. 737 오리지널로 시작한 시리즈는 737 클래식, 737 Next- Generation 등으로 이어졌다.

하지만 그것도 출시된 지 40년이 넘어가자, 신형 모델 개발이 절실해졌다. 당시 보잉의 경쟁사인 에어버스 A320 NEO는 연료 소비 효율이 좋다는 점 덕분에 많은 항공사가 이용하는 기체였다. 보잉은 최대한 빠른 시간 안에 A320 NEO에 대응할 기체가 필요했고, 기존 737 모델에 연료 소비 효율이 좋은 신형 엔진을 장착하여 출고하기로 결정했다. 그게 바로 보잉 737 MAX였다. 보잉의 737 MAX 개발은 신형 개발 기간의 절반 수준인 4년 만에 마무리되어 2015년 첫 출고가 이루어졌다. 또한 2017년 미국 연방 항공국의 운항 허가를 취득하며 공식적인 상업 운항에 이르게 되었다.

정식 허가도 받았으니, 보잉 737 MAX 8의 운항은 이대로 순탄했을까? 안타깝게도 성급하게 만들어진 이 기체는 역사에 남을 만큼 비극적인 사고를 일으키고 만다.

2018년 10월 라이온 에어 610편의 추락 사고가 발생했다. 인도네시아의 수카르노 하타 공항을 이륙하여 데파티 아미르 공항으로 출발한 항공기는 이륙 후 약 10분도 채 되지 않아 자바해에 추락했다. 이 사고로 인해 탑승자 189명 전원이 사망했다.

그리고 사고가 발생한 지 1년도 되지 않았을 때였다. 첫 번째 사고의 충격이 채 가시기도 전에 또 하나의 추락 사고가 발생한다. 2019년 3월 에티오피아 항공 302편이, 에티오피아 아디스아바바 볼레 국제 공항에서 이륙한 지 약 6분 만에 아디스아바바 동쪽 외곽 상공에서 추락하고 말았다. 이 사건으로 157명의 탑승자가 안타까운 목숨을 잃었다. 두 기체 모두 보잉 737 MAX 8 기체였다. 불과 5개월 만에 같은 기체에서 추락 사고가 일어난 것이다.

수백 명의 목숨을 앗아간 잇따른

추락 사고로 전 세계는 충격과 공포에 휩싸였다. 처음에 보잉은 항공기 결함이 아닌 조종사의 잘못이라며 책임을 회피하기에 급급했다. 그러나 끝내 2019년 4월 737 MAX 8 기체 결함을 시인했다. 이 사건으로 보잉은 어마어마한 타격을 입어야만 했다. 737 MAX 기종은 1년 반가량 운항이 중단됐고, 인도 예정이었던 500대도 인도가 잠정 연기됐다. 주가는 급락하였고, 당연히 고객들은 더 이상 보잉의 비행기를 타지 않으려고 했다. 보잉의 비행기는 신뢰를 잃었고, 한번 잃은 신뢰를 되돌리기란 쉽지 않았다.

보잉 737 MAX 사건은 기업이 직업 정신과 윤리 운영보다도 기업의 이익을 우선시하는 일이 얼마나 큰 인명사고로 이어질 수 있는지를 보여주는 사례로 남게 되었다.

# 닌텐도

*Nintendo Co., Ltd.*

## 버추얼 보이 (Virtual Boy)

이제는 가상 현실(VR) 게임이 어느 정도 익숙한 세상에 되었지만, 2000년대 이전에는 VR이라는 개념 자체가 매우 낯설었다. VR이 기술적으로 실현은 가능하다는 얘기가 이제 막 퍼지기 시작할 즈음, 일본의 게임 콘솔 회사 닌텐도는 VR 게임기의 선도 주자가 되기 위해서 모험적인 시도를 감행한다.

그렇게 제작한 것이 바로 '버추얼 보이(Virtual Boy)'였다. 버추얼 보이의 개발은 닌텐도 '게임보이'의 성공을 이끌었던 요코이 군페이가 주도했다. 버추얼 보이는 기존의 2D 게임과는 달리 3D 이미지를 구현해, 게임 속 세계로 직접 들어가는 듯한 느낌을 주는 것이 특징이었다.

버추얼 보이는 전용 스탠드에 올려놓고 마치 망원경처럼 본체에 눈을 대고 플레이해야 했는데, 양쪽 눈에 다른 이미지를 제공하는 스테레오스코픽 디스플레이를 사용해 3D 효과를 만들어 냈다. 당시 기술로는 매우 신선한 게임이었다.

하지만 버추얼 보이는 1995년 출시 직후부터 사람들의 혹평을 듣게 되었다. 가장 큰 문제는 기술적인 한계였다. 버추얼 보이는 가상 현실 기술을 통해 3D 그래픽을 제공한다고 했지만, 붉은색과 검은색만으로 화면을 구성해야 한다는 약점이 있었다. 당연히 눈에 피로감을 유발했고 몰입감도 떨어졌다. 불편한 자세로 봐야 하는 디자인도 문제였다. 버추얼 보이는 고정된 스탠드에 장착된 게임기를 이렇다 할 등받이 없이 들여다봐야 했기에, 몸 전체에 피로감을 유발했다. 지금까지 편안한 자세에서 게임을 즐겨온 사람들이 굳이 붉은색과 검은색으로만 표시되는 애매한 3D 게임을 불편한 자세에서 플레이할 이유가 전혀 없었다.

결국 흥행에 실패한 버추얼 보이는 출시된 지 단 1년 만에 시장에서 철수해, 닌텐도 역사에서 가장 큰 실패 중 하나로 평가받게 되었다. 전 세계에 77만 대가량이 판매되었지만, 이는 기대치에 한참이나 못 미치는 수준이었다.

버추얼 보이는 사용자를 고려하지 못한 완성도 낮은 게임기의 실패였다. 기술적으로는 참신했으나, 불편한 디자인과 사용성으로 인해 소비자들이 장시간 즐길 수 없는 제품이었던 것이다. 이는 닌텐도가 제품 출시 전 철저한 테스트를 진행하지 않고 피드백을 수용하지 않았음을 의미한다. 과도한 혁신에 집착한 나머지 실제 사용자가 겪을 불편함을 간과했던 것이 큰 실패 요인이었다.

결과적으로 버추얼 보이는 실패로 남았지만, 이런 경험을 통해 이후에는 Wii와 같은 제품을 개발해 성공을 거둘 수 있었다.

# 트로피카나

*Tropicana*

## 리브랜딩 (Rebranding)

리브랜딩은 양날의 검과 같다. 성공할 경우 새로운 이미지를 만들 수 있지만, 실패할 경우 소비자들의 반발을 사고 기존에 갖고 있던 기업의 핵심 이미지마저 흔들릴 수 있다.

세계적인 음료 회사 트로피카나는 생과일 음료와 착즙 음료 등의 인기에 밀려 시장 점유율이 한창 떨어지고 있었다. 트로피카나가 내린 결정은 다름 아닌 리브랜딩이었다. 새로운 제품을 내기에는 이미 다양한 제품 라인업을 갖추고 있었기 때문이다. 트로피카나는 당시 광고계의 총아로 불리던 피터 아넬에게 리브랜딩을 맡겼다. 아넬은 의류 브랜드 DKNY를 성공시켜 스타덤에 오른 인물로 다양한 분야에서 디자이너로 활동하고 있었다. 트로피카나가 리브랜딩을 위해 지불한 금액은 3,500만 달러(한화 약 420억 원)였다.

아넬의 리브랜딩은 제품 패키지를 180도 바꿔 놓았다. 변경 전 이미지였던 오렌지에 꽂힌 빨대 아이콘과 트로피카나의 상징과도 같던 글자 폰

트도 바뀌었으며 배치도 가로에서 세로로 변경되었다. 마지막으로 평범했던 플라스틱 뚜껑을 오렌지 같은 느낌으로 변경했다.

트로피카나의 리브랜딩은 새로움과 신선함이 아닌, 어색함과 낯섦으로 다가왔다. 소비자 입장에서 보면, 어린 시절부터의 추억이 있는 기존 이미지가 한순간에 완전히 변한 셈이었다.

트로피카나 리브랜딩은 해당 계획으로 인해 큰 손해를 짊어지게 되었다. 리브랜딩에 3,500만 달러라는 큰 금액을 지급했지만, 오히려 매출은 감소했다. 연간 7억 달러(한화 약 7,000억 원)에 달했던 매출 중 20%가 감소했고 타 음료 브랜드들이 반사 이익을 얻게 되었다. 결국 시장 반응을 확인한 트로피카나는 리브랜딩 실패를 인정하고 두 달 만에 디자인을 원상 복귀할 수밖에 없었다. 소비자들의 요구를 정확히 알지 못한 트로피카나는 그나마 반응이 괜찮았던 오렌지 형상의 플라스틱 뚜껑만을 남긴 채 이전의 디자인으로 돌아가게 되었다.

그 후 트로피카나는 이 일을 교훈 삼아, 기존의 브랜드 전통과 친숙한 요소를 유지하면서 신선한 이미지를 더하는
리브랜딩을 다시 시도하게 된다.

# 현대자동차

*HYUNDAI MOTOR COMPANY*

## ix35 광고 영상

세계 최초의 양산형 수소 연료전지 차량은 어디에서 선보였을까? 바로 한국의 현대자동차였다. 2013년, 현대자동차의 수소 연료전지 차량 'ix35'가 발표되자 전 세계 자동차 업계와 언론의 관심이 현대자동차로 향했다. 당시 수소 연료전지 방식은 배터리 방식과 함께 친환경 자동차의 핵심 기술로 주목받고 있었기 때문이었다. 현대자동차 유럽 지사는 ix35의 친환경적인 부분을 강조하기 위해 독특한 광고를 발표하게 되는데, 바로 이 광고 내용이 문제가 됐다.

광고 영상은 자살을 암시하는 장면으로 시작되었다. 영상 속에서는 한 남성이 차 안에서 배기구에 호스를 연결하고 자살을 시도하는 모습이 등장한다. 내연기관 차량에서의 일산화탄소 중독을 암시하는 설정이었다. 그러나 차가 배출 가스 대신 물만 내보내면서 자살 시도는 실패로 끝나게 된다. 광고는 수소차가 유독가스 대신 깨끗한 물만을 배출한다는 메시지를 담고 있었다.

하지만 '자살'이라는 무거운 주제를 단순히 자동차 광고를 위해서 사용했다는 점이 문제였다. 윤리적 차원에서 비난을 피할 수 없게 된 것이다.

"재미있지도, 귀엽지도 않다.", "자살을 자동차 판매에 이용하다니 어처구니없다."

해당 광고는 많은 이들에게 질타를 받았고, 특히 자살을 경험한 가족들에게 큰 비난을 받았다. 이 중 한 사람은 "자살로 인해 가족을 잃은 사람들에게 이 광고가 얼마나 상처가 되는지"를 설명하는 항의 편지를 보냈다. 편지 내용이 인터넷에 알려지며 현대자동차는 강한 반발을 받았다.

논란이 커지자 현대자동차는 즉각 문제의 광고를 철회하고 공식 사과문을 발표하며 광고의 내용이 의도치 않게 많은 이들에게 상처를 준 점에 대해 사과했다. 현대자동차는 "해당 광고는 전 세계의 현대자동차 글로벌 본사와는 무관하게, 유럽 지사에서 독자적으로 제작된 것"임을 강조하며, 앞으로는 해당 사건과 같은 일의 재발 방지를 약속했다. 그러나 사과문을 확인한 대중들은 오히려 책임을 회피하고 있다며 비판했다.

이 광고는 현대자동차 이미지에 큰 타격을 입혔다. 친환경 차량이라는 긍정적인 메시지를 전달하려 했던 광고는 오히려 부정적인 감정을 불러일으켰다. 이 사례는 기업이 사회적 민감성과 윤리적 문제를 고려하지 않아서 발생한 사건이었다.

# 세가

*SEGA Co., Ltd.*

## 새턴 (Saturn)

세가의 역사는 길다. 세가는 1980년대와 90년대 초반에 걸쳐 비디오 게임 업계에서 큰 성공을 거둔 일본의 게임 회사였다. 특히 16비트 콘솔 게임기 '메가 드라이브'와 소닉 더 헤지혹과 같은 인기 게임을 통해 닌텐도와 어깨를 나란히 하는 기업으로 자리 잡았다. 하지만 1990년대 중반에 들어서기 시작하면서 게임 업계가 달라지기 시작했다.

16비트 콘솔 게임기 시대가 저물고 32비트, 64비트 콘솔들이 출시를 예고하며 하나씩 모습을 드러내기 시작한 것이다. 세가는 계획을 변경해 후속작으로 32비트 콘솔 게임기 '세가 새턴'을 출시한다.

세가 새턴은 1994년 일본에서 처음 출시되었으며 북미에서는 1995년에 출시되었다. 새턴은 2D 그래픽 게임기 중에는 당시 최고 수준이었다. 하지만 해외 출시일에서 먼저 발목이 잡혔다.

세가는 빠른 북미 시장 출시를 위해 기존 출시일보다 4개월 앞당겨 제품을 출시했다. 그 탓에 미국 내 월마트와 같은 대형 매장에서조차 제대로 준비되지 않았는데, 심지어 그 외 다른 마트에는 물건을 전달조차 하지 않았다. 이에 화가 난 다른 마트들은 새턴을 판매하지 않겠다고 밝히며 불매를 선언했다. 빠른 출시를 통해 시장을 선점하려 했지만 제대로 된 준비조차 없이 실행된 계획이 오히려 악영향을 끼친 것이다.

문제는 이뿐만이 아니었다. 세가는 32비트의 2D 그래픽 게임이 시장에서 인기를 끌 것이라 생각했지만 시장은 생각보다 빠르게 변화했다. 이미 닌텐도나 소니 같은 경쟁사들은 3D 그래픽을 구현할 수 있는 콘솔 게임기를 속속히 출시하고 있었다.

소니의 플레이스테이션은 새턴보다 훨씬 늦게 출시되었지만, 새턴에 비해 게임 개발이 용이하다는 점과 3D 그래픽 처리에 강점을 보이며 빠른 속도로 시장을 석권할 수 있었다. 당시 개발사들 역시 2D에서 3D 그래픽 게임 제작으로 전환하는 추세였기에 새턴이 아닌 플레이스테이션을 선택했다. 소니는 3D 그래픽을 중심으로 한 새로운 게임들을 꾸준히 선보였고, 다양한 마케팅을 통해 소비자들을 끌어모았다. 설상가상으로 새턴은 구조상 가격 인하에 한계가 있었고, 단종 직전에는 적자를 보며 제품을 판매해야만 했다.

결국 세가 새턴은 시장에서 흥행에 성공하지 못하며 모습을 감추게 되었다. 북미와 달리 출시 초기 일본에서는 약간의 관심을 받았지만, 세계 시장에서의 경쟁력은 매우 형편없었다. 새턴은 전 세계 판매량 900만 대라는 초라한 기록을 보여주며 눈물을 삼켰다. 이때 경쟁 업체 소니의 플레이스테이션 판매량은 약 1억 대였다.

새턴은 초기 미흡한 출시 준비와 갑작스러운 계획 변경, 미래를 내다보지 못한 설계 실패로 제대로 된 경쟁조차 할 수 없었다.

# 맥도날드

*McDonald's*

## 맥린 디럭스 (McLean Deluxe)

사람들에게 정크푸드로 알려진 햄버거는 실제로 영양 면으로 보면 완벽에 가까운 음식이다. 두 개의 탄수화물인 빵과 햄버거의 핵심 재료라고 할 수 있는 단백질 패티, 그사이에 들어 있는 양상추와 토마토 등은 식이섬유로 우리 몸에 필요한 모든 구성을 갖추고 있다. 다량의 소스와 포화 지방이 들어 있긴 하지만, 일단 영양의 핵심 3요소라고 할 수 있는 탄수화물, 단백질, 지방과 더불어 식이섬유까지 섭취가 가능한 것이다. 감자튀김과 설탕이 들어간 탄산음료를 함께 먹지만 않는다면 정크푸드라고 불릴 이유가 전혀 없었다.

이런 상황에서 전 세계적으로 건강과 웰빙에 대한 관심이 높아지기 시작했다. 소비자들은 고지방, 고칼로리 음식에 경각심을 갖기 시작했고, 그중 패스트푸드를 특히 더 건강에 해로운 음식으로 인식하고 있었다. 패스트푸드 업계도 새로운 전략을 추구해야만 했다.

그렇게 맥도날드는 소비자들이 생각하는 햄버거에 대한 새로운 방향을 제시하며 저지방, 저칼로리 햄버거를 출시했다. 바로 '맥린 디럭스'라는 저지방 햄버거였다.

맥린 디럭스는 91%의 순 살코기와 9%의 해조류 추출물 '카파 카라기난'을 혼합하여 지방 함량을 줄인 것이 특징이었다. 맥도날드는 이와 같은 방법을 통해 전통적인 햄버거 맛을 유지하면서도 지방 함량을 10그램 이하로 낮춰 건강을 중시하는 소비자들에게 매력적인 메뉴를 시도한 것이다.

맥린 디럭스는 패스트푸드 매장에서 나온 건강한 햄버거의 시초였다. 광고에서는 다른 패스트푸드 제품과는 달리 저지방이면서도 맥도날드 햄버거 특유의 풍미를 유지하고 있다고 강조했다. 소비자들이 더 건강한 음식을 원하면서도 맛은 포기하고 싶지 않다는 점에 주목한 것이다. 하지만 맥린 디럭스의 인기는 초반에만 반짝였을 뿐 오래가지 못했다.

"우리는 굳이 햄버거에서 건강을 찾고 싶지 않다.", "맥린 디럭스 패티는 소고기 패티 특유의 풍미가 떨어진다."

가장 큰 문제는 맛이었다. 지방이 적은 패티는 기존 패티에 비해 퍽퍽하고 건조했으며 해조류 추출물로 대체한 지방의 맛과 식감은 소비자들에게 어색한 느낌을 주었다. 최대한 기존 햄버거 패티와 비슷한 맛을 구현하기 위해 노력했지만, 재료에서 오는 차이는 극복할 수 없었다.

사실 건강을 중요시하는 소비자들은 햄버거 자체를 가까이하지 않았다. 저지방, 저칼로리를 내세웠음에도 샐러드와 같은 음식에 비해 칼로리가 높았던 햄버거를 멀리했다. 이에 더해 기존 패스트푸드 소비자들은 일반적으로 빠르고 저렴한 음식을 기대했으며 여전히 건강보다는 맛을 더 우선시했다. 맥린 디럭스는 이와 같은 핵심 소비자들의 기대와는 멀었던 것이다.

결국 맥린 디럭스는 출시된 지 오래되지 않아 판매가 중단되었고, 이는 맥도날드가 건강 트렌드에 대응하는 과정에서 경험한 대표적인 실패 사례로 남게 되었다. 패스트푸드의 핵심은 간편함, 저렴함과 더불어 '즉각적인 맛'이다. 맥도날드는 건강을 중요시하는 트렌드와 실제 자신들의 매장을 찾아오는 손님들 사이의 간극을 알아차리지 못한 것이다.

# 대한민국 통신사 3사

*SK Telecoma · KT · LG U+*

## 카카오톡의 등장

스마트폰의 대중화 이전, 한국의 통신사 3사(SKT, KT, LG U+)는 문자메시지(SMS)와 멀티미디어 메시지(MMS)를 통해 안정적인 수익을 올리고 있었다. 주요 수익원은 음성 통화와 데이터 서비스였지만, 문자메시지는 높은 이익률로 인해 수익성 측면에서 중요한 역할을 했다. 이 시기 통신사들은 이러한 안정성에 안주하며 기존 사업 모델 유지에 초점을 맞췄다.

하지만 2009년 스마트폰 도입 이후 데이터 기반 통신이 가능해지면서 소비자들의 통신 방식이 급격히 변했다. 이 시기에 등장한 카카오톡은 무료 메시지 전송과 그룹 채팅 같은 새로운 기능을 통해 빠르게 대중화되었다.

사실 통신사들은 이미 인프라를 가진 상태였기에 모바일 메신저 시장을 선점할 수도 있었다. 하지만 문자메시지 수익을 지키려는 전략에 집착하는 바람에 모바일 메신저의 잠재력을 간과했다. 모바일 메신저를 선점한다는 건, 곧 문자메시지 수익을 전부 포기한다는 것과 동일했기 때문이었다. 하지만 어차피 스마트폰의 대중화 이후로, 문자메시지 수익은 자연스럽게 낮아지고 통신 방식은 완전히 달라질 예정이었다. 통신사들은 그런 변화를 제대로 읽지 못한 것이다.

카카오톡의 활약이 시작되고, 통신사들은 뒤늦게 SKT의 '틴팅', LG유플러스의 '조이엔' 같은 자체 메신저 서비스를 출시했지만, 사용자 경험과 기능 면에서 카카오톡에 비해 경쟁력을 갖추지 못했다. 2020년 기준 카카오톡의 점유율은 96%에 달하며, 월간 이용자 수는 5,000만 명에 이른다.

통신사들은 데이터 요금제로 수익을 방어하려 했지만, 서비스 측면에서는 여전히 문자메시지 중심의 모델에 의존하기만 했다. 반면, 카카오톡은 이모티콘, 선물하기, 카카오페이 등 다양한 부가 서비스를 통해 사용자 충성도를 높이며 지속적으로 성장했다.

이 사례는 기술 변화에 민첩하게 대응하고 소비자 요구를 이해하는 것이 얼마나 중요한지를 보여 준다. 통신사들이 문자메시지 수익에 안주하지 않고 변화에 적극적으로 대응했다면, 위기가 아니라 기회가 되었을 것이다.

# 포드

*Ford*

## 에드셀 (Edsel)

1950년대 중반, 포드는 미국 경제의 호황과 함께 중산층의 소비력을 겨냥하여 새로운 라인업을 구상하게 된다. 이미 저가형의 포드와 고가형의 링컨, 머큐리 브랜드를 운영하고 있었지만, 중간 가격대의 새로운 브랜드가 필요했다.

그렇게 만든 브랜드가 바로 에드셀이었다. 에드셀이라는 이름은 포드의 창업자인 헨리 포드의 아들, 에드셀 포드의 이름에서 따왔다.

포드는 이 브랜드 론칭을 위해 약 2억 5천만 달러(한화 약 3,300억 원)를 투자하며 대대적인 마케팅과 개발에 나섰다. 포드는 에드셀 브랜드가 출범하면 연간 20만 대 이상의 판매량을 올릴 것으로 기대했다.

1957년, 포드는 에드셀 시리즈를 출시하며 자동차 시장에 큰 기대를 불러일으켰다. 포드는 에드셀을 통해 단순한 자동차가 아닌, 시대를 앞서가는 혁신적인 이미지를 전달하려 했다. 특히 독특한 말발굽 모양의 그릴 디자인에 당시로서는 보기 드문 첨단 기술과 옵션을 여럿 제공하며 소비자들의 기대를 한껏 끌어올렸다. 더불어 수많은 광고 캠페인과 이벤트를 통해 대중의 관심을 집중시켰다.

당시 에드셀의 홍보 전략은 자동차 광고의 새로운 기준을 제시했다. 포드는 에드셀 출시를 비밀스럽게 감추며 소비자들의 기대감을 증폭시켰다. 출시 전부터 홍보를 진행했지만 모습은 조금씩만 드러냈다. 또한 차량 출시 후 라디오, TV, 신문 등 다양한 매체를 통해 '에드셀 데이'를 만들었고 대중에게 강렬한 인상을 심어 주었다.

그러나 에드셀은 시장에 출시된 직후부터 소비자들에게 큰 실망감을 안겼다. 우선 에드셀의 디자인이 형편없었다. 혁신이 아니라 기이하고 불쾌하기만 했다. 특히 임팩트 링이라고 불리는 말발굽 모양의 그릴은 최악의 디자인이었다.

게다가 생산 과정도 엉망이라 조립 불량, 잦은 고장 등 품질 문제도 있었다. 그렇다고 가격이 저렴한 것도 아니었다. 포드는 에드셀을 중간 가격대의 차량으로 포지셔닝하려 했으나, 실제 가격은 경쟁 모델에 비해 비쌌다. 이에 더해 1957년, 경기 침체가 시작되면서 소비자들의 지출이 줄어들기까지 했다.

에드셀은 처음 생산한 20만 대 중 6만 대 정도만 판매되었다. 이후 에드셀을 평범한 디자인으로 변경하고 가격을 내리는 등 조치를 취하지만 이미 에드셀 브랜드는 설 곳을 잃은 지 오래였다. 결국, 1960년 포드는 에드셀을 완전히 접게 된다.

이 프로젝트는 포드 역사상 가장 큰 실패 사례였다. 모든 준비가 미흡했고 안일했다. 시장 조사의 부족, 소비자 이해도 부족, 잘못된 마케팅 전략들이 빚어낸 예고된 실패였다. 포드는 소비자들에 대한 정확한 이해 없이 기업 내부의 판단에만 의존해 제품을 출시하는 것은 매우 위험하며, 과도한 마케팅으로 기대감을 부풀리는 것보다 제품 자체의 품질과 성능을 보장하는 것이 더 중요하다는 현실을 깨닫게 되었다.

# H&M

*H&M Hennes & Mauritz AB*

## ‘프린트 후드티 (Printed hooded top)’ 광고 사진

한 사진에 흑인 어린아이 모델이 포즈를 취하고 있다. 그런데 입고 있는 티셔츠에 쓰인 문구가 심상치 않다.

이 모델을 찍어 올린 의류 업체는 세계적으로 유명한 SPA 브랜드 H&M이었다. H&M은 ZARA와 유니클로를 포함해 SPA 브랜드 중 가장 오랜 역사를 지닌 브랜드이다. 스웨덴에 본사를 둔 H&M은 헤네스라는 이름의 여성 의류 전문 판매 업체로 창립되었고, 1968년 모리츠 위드 포스라는 사냥용품 업체를 인수하여 남성복을 함께 다루며 현재의 H&M(Hennes & Mauritz)이 되었다.

H&M은 트렌디한 디자인과 SPA 브랜드치고 좋은 품질의 원단을 강점으로 상승세를 누렸다. 그런 와중 2018년 H&M은 문제의 후드티 광고를 사이트에 공개한다.

H&M이 새로 출시한 레터링 후드티 앞면에는 “Coolest Monkey in the Jungle”이라는 문구가 적혀 있었다. 이는 ‘정글에서 가장 멋진 원숭

이'라는 의미였다. 원숭이라는 말은 오래 전부터 인종 차별적 발언에 해당하는데, 하필 흑인 아이에게 입힌 옷에 이런 말이 써 있다는 점이 큰 논란이 되었다.

"대놓고 인종 차별하는 브랜드.", "도저히 용납할 수 없는 광고다.", "지금껏 흑인들을 원숭이라고 부르는 사람들이 많았지만 이렇게 대놓고 드러내진 않았다.", "나는 이 광경을 도저히 바라보고 있을 수 없다."

광고를 확인한 대중들은 분노를 감추지 못했다. H&M 측이 이를 몰랐을 리 없으며 이는 명백한 인종 차별 행위라는 것이다. 특히 흑인 어린아이와 달리 백인 어린아이에게는 "맹그로브 정글의 생존 전문가(Mangrove Jungle Survival Expert)"라고 쓰인 옷을 입혔기 때문에 논란은 더 거세졌다.

해당 행위로 인해 남아프리카공화국의 H&M 매장은 쑥대밭으로 변했다. 불만을 품은 남성 여러 명이 진열된 옷걸이를 마구 넘어뜨리고 발로 차 쓰러뜨렸다. 이내 손에 잡히는 대로 옷을 꺼내 바닥에 던지고, 마네킹까지 집어던졌다. 자신들을 남아공 야당인 '경제 자유 전사들' 소속 당원이라고 밝힌 이들은 인종 차별적 행위에 분노를 표출한 것이라 말했다.

"현재 문제의 광고 사진은 모든 H&M 채널에서 삭제됐고, 불쾌감을 느낀 모든 이들에게 사과드립니다. 또한 자사는 다양성과 포용성을 믿고 있고, 향후 불거질 논란을 피하고자 내부 정책을 검토할 계획입니다."

결국 H&M은 즉각 사과하며 해당 사진을 전부 삭제했다. 해당 사건의 여파로 2017년 12월부터 2018년 2월까지 집계된 H&M의 영업 이익은 전 분기 대비 -62%를 기록했다.

이 사례는 기업이 신제품 판매에 있어 인종 차별 이슈를 섬세하게 고려하지 않을 경우 어떤 결과를 맞게 되는지를 보여 주고 있다.

# IBM

*International Business Machines Corp.*

## OS/2

IBM은 미국 최고의 정보기술 기업으로, 1993년부터 2021년까지 무려 29년 연속으로 미국에서 가장 많은 특허를 창출한 기업이다. 과거 IBM은 시스템/360으로 대표되는 최초의 현대적인 메인프레임을 활용해 1960년대와 1970년대 미국 내 컴퓨터 생산율 80%를 차지하며 이름을 날렸다. 당시로서는 천문학적인 금액이었던 50억 달러(한화 약 6조 7,000억 원)를 투자해 만든 메인프레임은 현재 IBM의 토대가 되었다. 이후 최초 DRAM 개발 및 UPC 바코드 발표 등 혁신적인 기술을 발표하며 세계적인 기업으로 자리 잡을 수 있었다.

하지만 이런 세계적인 기업에도 흑역사는 존재했다.

1980년대, IBM PC를 통해 PC 소프트웨어 개발 환경을 통일했다는 큰 업적을 이뤄 낸 IBM은 사람들에게 많은 신임을 얻었다. 하지만 신임을 얻고 이름을 더 널리 알렸을 뿐 수익이 기하급수적으로 늘어난 것은 아니었다. 하드웨어 판매 이익은 호환 기종 회사들이 가져가고 소프트웨어 판매 이익은 마이크로소프트에 전부 빼앗기고 말았기 때문이었다.

위기감을 느낀 IBM은 당시 스타트업 기업에 속했던 마이크로소프트와 함께 새로운 운영 체제 개발을 시작했다. 그것이 바로 OS/2 운영체제였다. 사실 IBM은 마이크로소프트를 적당히 이용하다 독자적으로 운영 체제를 개발할 생각이었다. 하지만 마이크로소프트의 빌 게이츠가 이를 모를 리 없었다.

의미심장하게도 빌 게이츠는 IBM의 제안대로 MS-DOS에 대한 영구 로열티를 포기하기로 했다. 그런데 그 대가로 다른 회사에 운영 체제 판매 권리를 유지하겠다는 입장을 밝혔다. IBM으로서는 이해할 수 없었다. IBM은 당시 세계 컴퓨터 시장 점유율 70%였다. 따라서 MS-DOS는 IBM을 제외한 타 기업 어디도 판매할 곳이 마땅치 않은 게 현실이었다. 의문이었지만, IBM은 결국 이를 받아들이게 된다.

“우리는 그때 상황을 ‘곰 타기’라고 불렀습니다. IBM에 비해 아직 작은 회사인 마이크로소프트는 IBM이라는 곰의 등에 붙어 있어야 했습니다. 그 곰은 비틀고 돌면서 우리를 떨어뜨리려고 했지만, 우리는 안간힘을 써서 곰 위에 머물러야 했습니다. 만약 곰 위에서 떨어진다면 발밑에 떨어져 깔릴 게 분명했으니까요.”

마이크로소프트에서 근무하던 스티브 발머는 당시 상황을 ‘곰 타기’에 비유했다. 이렇듯 마이크로소프트는 IBM에 의존하는 척했지만, 뒤에서는 윈도우 개발에 힘을 쏟고 있었다. OS/2의 실패를 앞당긴 것 역시 마이크로소프트의 새로운 운영 체제 발표였다. IBM의 예상과 달리 개인용

PC 제조 업체는 점점 많아져 갔고, 사람들은 더욱 편리한 윈도우 운영 체제를 사용할 수 있는 컴퓨터를 구매하기 시작했다. 운영 체제 개발 계약 당시 빌 게이츠는 미래를 내다보며 운영 체제 판매 권리를 유지했던 것이다. 이는 빌 게이츠에게 실리콘밸리의 악마라는 별명이 생긴 사건 중 하나였다.

두 회사의 합작으로 태어난 OS/2 운영 체제는 끝내 실패하고 말았다. OS/2의 요구 사양은 너무 높았고. 마이크로소프트가 새롭게 내놓은 운영 체제가 너무나도 월등한 가성비를 보였다. 소프트웨어 회사들은 IBM의 운영 체제가 아닌 마이크로소프트의 운영 체제를 선택했다.

스타트업과의 수싸움에서 진 IBM은 훗날 해당 사건을 떠올리며 자사 제품의 독자적인 개발을 중요시했다. 또한 타 기업과의 협업시 더 신중한 모습을 보일 수밖에 없었다.

# 95 프리챌

*freechal*

## 유료화 전환

대한민국에서 포털 사이트라고 하면 네이버, 구글, 다음, 네이트, 줌 정도를 떠올린다. 하지만 서비스는 종료됐어도, 한때 잘나갔던 포털 사이트들이 꽤 많다. 2011년 서비스를 종료한 프리챌(Freechal)도 그런 사이트 중 하나였다.

프리챌은 1999년부터 운영된 대한민국의 포털 사이트로, 삼성물산에서 근무했던 전재완에 의해 설립되었다. 프리챌이라는 이름은 초창기 회사 이름인 "자유와 도전"에서 따온 것으로, 'free'와 'challenge'를 합친 말이다. 프리챌은 커뮤니티와 클럽 서비스로 엄청난 인기를 끌었다. 전성기인 2002년에는 회원 수가 1,000만 명을 넘어섰고 사이트 내 커뮤니티는 100만 개가 넘었다. 특히, 클럽 부문에서만큼은 포털 1위인 다음을 이길 정도였다.

엄청난 가입자 수로 그만큼 서버 관리 비용 또한 어마어마해지자, 전재완 대표는 커뮤니티 유료화 전환을 감행했다. 그리고 이는 그대로 프래

챌의 몰락을 가져왔다. 갑작스러운 유료화에 회원들은 당황스러웠다. 새로운 서비스를 가입시키면서 유료화를 적용하는 게 아니라, 이미 무료로 이용하고 있는 커뮤니티를 유료화한다는 건 문제가 있었다.

하지만 실제로 가격만 보았을 때는 그리 불합리한 요구는 아니었다. 커뮤니티 회원 전부가 아닌, 커뮤니티 운영자만 월 3,300원을 내는 월정액 서비스였고 메일 용량이나 아바타 구매 등에 있어서 우대 조건이 합쳐진 가격이기 때문에, 타 포털사이트의 유료화 정책과 비교했을 때도 나쁘지 않은 금액이었다.

가장 큰 문제는 프리챌의 태도였다. 회원들을 조금씩 설득해서 월정액 서비스에 가입하도록 유도하는 게 아니라, 당장 유료화하지 않은 클럽은 폐쇄하겠다면서 강압적인 태도를 보인 것이다. 화가 난 회원들은 불만을 표출했고, 프리챌을 탈퇴해 다른 포털 사이트로 이동하기 시작했다. 프리챌이 아니더라도 클럽과 비슷한 형태를 제공하는 커뮤니티들은 많았기 때문이었다. 다음과 싸이월드는 이 기회를 놓치지 않고 적극적으로 커뮤니티를 옮길 수 있게 도와주면서 반사 이익을 얻었다.

그렇다고 해도, 초기에는 40% 이상의 커뮤니티가 유료화되는 등 나쁘지 않은 참여율을 보였다. 하지만 회사 자금 120억 원을 횡령한 혐의로 전재완 대표가 구속되면서, 프리챌은 완전히 대중성을 잃고 쇠퇴했다. 그렇게 2011년 3월 11일 파산을 선언했고 서비스를 종료했다.

프리챌의 실패는 결국 유료화 전략의 실패가 가장 큰 원인이었다. 무료로 제공하는 서비스를 성급하게 유료화하면서 회원들의 불만이 생겼고, 더불어 강압적인 태도로 촉박한 기간 내에 유료화할 것을 강요했기 때문에 반발은 더 심할 수밖에 없었다.

이 사례는 서비스의 유료화 같은 민감한 문제 앞에서는 기업이 어느 때보다 신중한 태도를 보여야 한다는 것을 보여 주었다.

# LG전자

*LG Electronics*

## ‘맥.북.에어’ 이벤트

LG전자는 2018년 ‘맥.북.에어’ 이벤트를 진행했다. ‘맥.북.에어’ 문구를 내세운 이 마케팅 캠페인은, LG전자의 스테디셀러 제품인 ‘LG 톤플러스’를 구매하면 응모할 수 있는 형태였다. 하지만 이벤트의 실체를 확인한 소비자들은 황당함에 실소를 감추지 못했다.

이 이벤트는 말 그대로 ‘맥.북.에어’라는 단어를 세 가지 상품으로 나눈 말장난에 불과했다. ‘맥’은 맥스봉이라는 소시지, ‘북’은 도서 문화 상품권, ‘에어’는 나이키 에어를 의미하는 것이었다. 소비자들이 기대했던 애플의 맥북에어는 어디에도 없었다. 광고 그림에 베어 먹은 사과 그림을 활용하고, 자사의 노트북 브랜드인 그램을 이용한 언어유희까지 사용했다는 점을 보면 대놓고 착각을 유도한 게 분명했다. 소비자들은 ‘기만적인 마케팅’이라며 격한 분노를 표출했다. “애플과 협업했나 싶었다.”, “차라리 그램을 선물로 내놓지.”라는 비판이 쏟아지기 시작했다.

인터넷 커뮤니티와 SNS를 중심으로 빠르게 퍼진 이 사건은 LG전자에 대한 신뢰를 무너뜨렸다. 재미와 웃음을 유발하려던 LG전자의 의도와 달리, 사람들은 진지함과 신뢰성이 결여된 마케팅에 크게 실망했다. '맥북에어'라는 단어가 가진 상징성과 기대를 교묘히 이용했지만, 결국 소비자의 반감만 키운 것이다.

유머와 말장난은 마케팅에서도 자주 사용되는 요소다. 하지만 그게 지나치면 브랜드 이미지에 치명적인 타격을 줄 수 있다. 유머라고 해도, 소비자와의 신뢰를 깨지 않도록 적당한 선은 지켜야 하는 것이다.

# 도브

*Dove*

## 바디워시 광고

도브는 유니레버의 자회사로, 전 세계적으로 피부 관리와 뷰티 제품을 제공하는 브랜드다. 특히 'Real Beauty' 캠페인으로 다양성과 자연스러움을 강조하며 긍정적인 브랜드 이미지를 쌓아 왔지만, 2017년 게시한 페이스북 광고로 인해 큰 논란에 휩싸였다.

문제가 된 광고는 3초짜리 GIF 형식으로 제작되었는데, 흑인 여성이 어두운 컬러의 티셔츠를 벗자, 그 자리에 밝은 살구색 티셔츠를 입은 백인 여성이 등장하는 장면이 포함돼 있었다. 도브의 의도는 피부 톤 변화와 제품 효과를 강조하려는 것이었지만, 이 장면은 마치 흑인 여성이 '더러운 상태'이고 백인 여성이 '깨끗한 상태'로 표현된 것처럼 해석되면서 인종차별적이라는 비판을 받았다.

이 광고가 SNS와 언론을 통해 퍼지면서 소비자들은 크게 분노했다. 특히 다양성과 포용성을 강조해 온 도브의 기존 이미지와 정면으로 배치되는 광고였기에 실망감은 더욱 컸다. "비누를 사용하면 흑인이 백인이 된다는 뜻이냐."라는 비판부터 "시대가 어느 땐데 이런 광고를 내냐."는 반응이 쏟아졌다.

그러나 광고 전체를 보면 백인 여성 이후에 라틴계 여성이 등장하며, 그 뒤로도 다양한 인종의 모델이 나온다. 도브는 여러 피부색의 여성을 통해 다양성을 강조하려는 메시지를 담으려 했으나, 특정 장면만 캡처되어 확산되면서 의도와 달리 인종차별적인 이미지로 비춰진 것이다. 도브 측은 논란이 커지자 해당 광고를 삭제하고 공식 사과문을 발표했다. 도브는 "광고가 피부색에 대한 민감성을 고려하지 못했고, 이로 인해 불쾌감을 드린 점에 깊은 유감을 표한다."며 빠르게 수습에 나섰다.

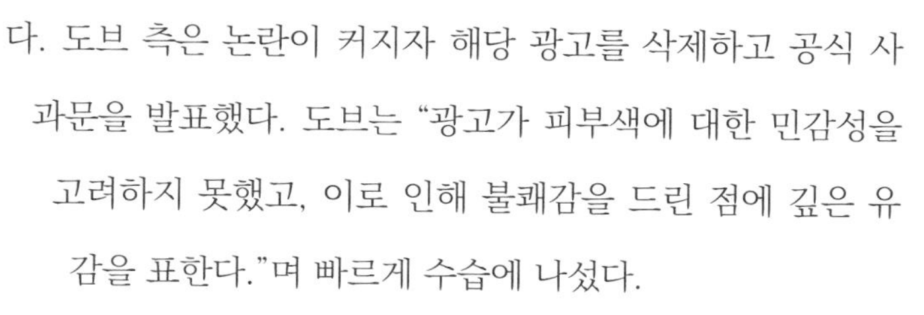


하지만 이미 퍼진 스크린샷과 소비자들의 비난은 쉽게 가라앉지 않았다. 더 큰 문제는 도브가 이번 논란 이전에도 비슷한 인종차별 논란을 일으킨 전적이 있다는 점이다. 2011년에는 흑인 여성과 백인 여성을 '비포'와 '애프터'라는 문구 앞에 세운 광고를 내보냈다가 비판받았고, 2015년에는 크림 광고에서 어두운 피부를 '비정상', 밝은 피부를 '정상'이라고 표현해 논란을 일으켰다.

이 사건은 기업이 마케팅을 기획할 때는 문화적 민감성을 세심하게 고려해야 함을 보여 준다. 아무리 의도가 선하고 명확해도, 소비자의 해석은 다를 수 있다. 또한, 브랜드 이미지에 타격을 줄 수 있는 실수가 반복되면 신뢰를 회복하는 데 더 오랜 시간이 걸릴 수 있다는 교훈도 남겼다.

# 레드불

*Red Bull*

## '날개를 펼쳐 줘요(Red Bull Gives You Wings)' 슬로건

레드불은 1987년 오스트리아에서 설립된 세계적인 에너지 음료 브랜드로, 오랫동안 'Red Bull Gives You Wings'라는 슬로건과 함께 활력과 도전을 상징하는 기업으로 자리 잡았다. 이 슬로건은 레드불을 마시면 에너지가 넘치고 활력을 얻게 된다는 메시지를 상징적으로 전달했지만, 2014년 미국에서 한 소비자가 광고 내용에 소송을 제기하면서 논란이 된 적이 있다.

소송의 핵심은 슬로건이 과대광고라는 주장이었다. 원고 측은 레드불 음료를 마신 후 광고에서 암시한 것처럼 '날개를 펼쳐 주는' 특별한 에너지나 신체적 능력 향상을 경험하지 못했다며 과장된 슬로건을 썼다고 주장했다. 또한, 레드불이 실제로 다른 브랜드의 에너지 음료와 비교했을 때 카페인 함량이나 성능 면에서 특별히 우수하지 않음에도, 마치 탁월한 효과를 제공하는 것처럼 광고했다고 역설했다.

결국 레드불은 법적 분쟁을 피하기 위해 1,300만 달러(약 150억 원)에

달하는 합의금을 지급했다. 2012년부터 2014년까지 레드불을 구매한 소비자들에게는 영수증 없이도 현금 10달러나 15달러 상당의 레드불 제품을 제공했다. 레드불은 광고 문구가 단순히 유머러스한 표현이었으며 소비자를 속이려는 의도는 없었다고 강조했지만, 이런 논란은 이미지에 타격을 줄 수밖에 없다.

그럼에도 불구하고, 레드불은 이후에도 'Red Bull Gives You Wings' 슬로건을 유지했다. 브랜드 정체성과 직접적으로 연결된 핵심 마케팅 요소였기 때문이다. 슬로건 자체가 전 세계적으로 친숙하고 강력한 상징성을 갖고 있었기 때문에 이를 포기하는 대신, 표현 방식을 조정하는 방향으로 대응했다. 레드불은 소비자들이 제품의 실제 효과와 슬로건을 구분할 수 있도록 했다. 광고에서 슬로건의 비유적 의미를 명확히 전달하고, 제품의 효과와 안전성에 대한 정보를 구체적으로 제공한 것이다.

이 사례는 기업이 강력한 마케팅 문구를 사용할 때 소비자 해석과 법적 책임을 신중히 고려해야 한다는 교훈을 남겼다. 또한, 브랜드 정체성과 소비자 신뢰 간 균형을 찾으려는 노력을 기울인다면 성공적으로 문제점을 개선할 수 있다는 것도 보여 주었다.

# 야후

*Yahoo!*

## 구글 인수 거절

현재 세계 대부분의 나라에서 포털 사이트 검색 시장 1위는 구글이다. 하지만 구글도 한때는 스타트업에 불과했고, 그 시절 인터넷 시장을 주도한 것은 야후(Yahoo!)였다.

1998년, 야후는 아직 신생 검색 엔진이었던 구글을 단 100만 달러에 인수할 기회를 가졌다. 하지만 야후는 구글의 기술이 기존 검색 엔진과 크게 다르지 않다고 판단했고, 그 잠재력을 과소평가하며 인수를 거절했다. 이는 훗날 역대 최악의 비즈니스 실수 중 하나가 되었다.

이후 구글은 독자적인 검색 알고리즘과 온라인 광고 모델을 기반으로 빠르게 성장해 세계 최대의 검색 엔진이 되었다. 반면 야후는 검색 기술 개발에 소극적이었고, 포털 중심의 사업 모델에 안주하며 변화하는 시장에 적응하지 못했다.

게다가 마이크로소프트가 야후를 446억 달러에 인수하겠다고 제안했을 때도 야후는 이 기회를 거절했다. 당시 야후 이사회는 이 금액이 자사의 가치를 과소평가한다고 판단했지만, 이후 야후의 시장 가치와 점유율은 급속도로 하락했다. 야후는 구글 출신의 마리사 메이어를 CEO로 영입하며 모바일 시장에 집중하려 했지만, 큰 성과를 내지 못했다.

그렇게 2016년, 야후는 회생이 불가능해졌다. 그리고 운명의 장난처럼 20년 전 구글 인수를 거절했던 야후의 인수 후보로 구글이 언급되기도 했다. 결국 야후의 핵심 사업부는 약 44억 달러로 버라이즌에 매각되었다. 이는 2008년 마이크로소프트가 제안했던 446억 달러에 비하면 크게 하락한 가치였다. 한때 인터넷 산업을 호령하던 야후는 시장 변화에 안일하게 대응한 결과, 시대의 흐름에서 완전히 도태되고 말았다.

야후의 몰락은 IT 시장이 얼마나 빠르게 변화하는지, 그리고 과거의 영광에 취해 혁신을 놓친 기업이 어떤 운명을 맞이하게 되는지를 보여 주는 사례다. 새로운 기술과 신생 기업의 잠재력을 평가하는 통찰력, 그리고 변화에 대한 민첩한 대응이 기업의 생존과 직결된다는 사실을 야후의 역사에서 확인할 수 있다.

# 크리스피 크림 도넛

*Krispy Kreme DOUGHNUTS*

## "Krispy Kreme Klub" 이벤트

크리스피 크림 도넛(Krispy Kreme Doughnuts)은 1937년 미국 노스캐롤라이나주 윈스턴세일럼에서 설립된 글로벌 도넛 브랜드로, 오리지널 글레이즈드 도넛으로 잘 알려져 있다.

2015년, 영국의 어느 크리스피 크림 도넛 매장이 어린이 고객 유치를 위해 특별한 이벤트를 기획했다. 이벤트의 공식 명칭은 'Krispy Kreme Klub Wednesday'였으며, 이를 줄여 'KKK Wednesday'라는 이름으로 홍보되었다. 이벤트의 목적은 방학 기간에 어린이들이 매장을 방문해 도넛을 장식하며 즐거운 시간을 보내도록 하는 것이었다. 그러나 문제는 바로 이 'KKK'라는 약어였다.

KKK는 미국 역사에서 악명 높은 인종 차별 단체인 '쿠 클럭스 클랜(Ku Klux Klan)'을 연상시키는 표현이었다. 쿠 클럭스 클랜은 19세기 후반부터 아프리카계 미국인과 소수 집단을 대상으로 폭력과 차별을 자행한 백인 우월주의 단체로, 극단적 인종 차별과 증오를 상징한다.

곧 소셜미디어와 온라인 커뮤니티를 중심으로 비판이 쏟아졌다. 미국을 비롯한 여러 국가의 소비자들은 글로벌 브랜드인 크리스피 크림 도넛이 이런 단어를 무심코 사용한 것에 대해 분노했다. 문화적, 역사적 민감성을 고려하지 않고 최소한의 검토도 없이 진행된 마케팅이라는 것이다.

논란이 확산되자 크리스피 크림 도넛 측은 곧바로 해당 이벤트를 취소하고 공식 사과문을 발표했다. 사과문에서 크리스피 크림 도넛은 "의도치 않게 불쾌감을 초래한 점에 대해 진심으로 사과드린다."며 "이 사건을 통해 더 신중하고 책임감 있게 행동할 것"이라고 밝혔다. 또한 같은 실수가 재발하지 않도록 내부 검토 과정을 강화하겠다고 덧붙였다.

이 사건은 글로벌 기업이 로컬 마케팅을 기획할 때 반드시 언어적, 문화적 함의를 면밀히 검토해야 한다는 교훈을 남겼다. 각 단어와 표현이 특정 문화권에서는 아무 문제가 없어 보일 수 있지만, 다른 문화권에서는 심각한 의미를 가질 수 있기 때문이다.

# 위대한 기업들의 바보 같은 실수들 100

**1판 1쇄** 2025년 4월 1일

**저 자** 선진호
**펴 낸 곳** OLD STAIRS
**출판 등록** 2008년 1월 10일 제313-2010-284호
**이 메 일** oldstairs@daum.net

가격은 뒷면 표지 참조

**979-11-7079-041-9**